大漠决斗

第二次世界大战非洲与地中海战事

胡元斌 严 锴 主编

台海出版社

前言PREFACE

　　1937年7月7日，驻华日军在卢沟桥悍然向中国守军开炮射击，炮轰宛平城，制造了震惊中外的"七七事变"，中国的抗日战争全面爆发。1939年9月1日，德国入侵波兰，第二次世界大战正式开始。1945年9月2日，日本签署投降书，第二次世界大战宣告结束。

　　这是人类社会有史以来规模最大、伤亡最惨重、造成破坏最大的全球性战争，也是关系人类命运的大决战。这场由德、意、日法西斯国家的纳粹分子发动的战争席卷全球，世界当时人口总数的80%的20亿人口受到波及。这次世界大战把全人类分成了两方，由美国、苏联、中国、英国、法国等国组成的反法西斯同盟国与由德国、日本、意大利等国组成的法西斯轴心国，进行对垒决战。全世界的人民被拖进了战争的深渊，迄今为止这是人类文明史上绝无仅有的浩劫和灾难。

　　在这场大战中，交战双方投入的兵力和武器之多、战场波及范围之广、作战样式之新、造成的损失之大、产生的影响之深远都是前所未有的，创造了许多个历史之最。

　　第二次世界大战的胜利具有伟大的历史意义。我们历史地、辩证地看待这段人类惨痛历史，可以说，第二次世界大战的爆发给人类造成了巨大灾难，使人类文明惨遭浩劫，但同时，第二次世界大战的胜利，也开创了人类历史的新纪元，给战后世界带来了广泛而深远的影响。促进了世界进入力量制衡的

相对和平时期；促进了一些殖民地国家的民族解放；促进了许多社会主义国家的诞生；促进了资本主义国家的经济、政治和社会改革；促进了世界科学技术的进步；促进了军事科技和理论的进步；促进了人类认识史上的一场伟大革命；促进了世界人民对和平的深刻认识。

第二次世界大战的胜利也是世界人民反法西斯战争的胜利，成为20世纪人类历史的一个重大转折，它结束了一个战争和动荡的旧时期，迎来了一个和平与发展的新阶段。我们回首历史，不应忘记战争给我们带来的破坏和灾难，以及世界各个国家和人民为胜利所付出的沉重代价。我们应当认真吸取这次大战的历史经验教训，为防止新的世界大战发生，维护世界持久和平，不断推动人类社会进步而英勇奋斗。

这就是我们编撰《第二次世界大战纵横录》的初衷。该书综合国内外的最新研究成果和最新解密资料，在有关部门和专家的指导下，以第二次世界大战的历史进程为线索，贯穿了第二次世界大战的主要历史时期、主要战场战役和主要军政人物，全景式展现了第二次世界大战的恢宏画卷。

该书主要包括战史、战场、战役、战将和战事等内容，时空纵横，气势磅礴，史事详尽，图文并茂，具有较强的历史性、资料性、权威性和真实性，非常有阅读和收藏价值。

目录 CONTENTS

第二次世界大战非洲与地中海战事

非洲战事

大漠决斗

第二次世界大战非洲与地中海战事

非洲初始战役

　　早在欧洲战争全面爆发之前，意大利就开始了对阿尔巴尼亚的侵略，随后又在1940年进攻希腊，可是意大利不但未能占领希腊，反而被希腊人赶到阿尔巴尼亚。这时德国开始介入战事。1941年4月6日，德军开始与希腊人作战，同时还攻击了南斯拉夫。4月27日，纳粹德国的军队进入雅典。当时，英国人虽然支援希腊，但由于种种原因也难以最终取胜。

英国意大利
东非争夺战

第一次世界大战后至二战爆发前，英法共同制定了保卫非洲、地中海和近东的计划。

计划规定：

在战争情况下，盟国必须控制地中海，并对驻利比亚和埃塞俄比亚的意军实施突击，保卫东、北非。

希特勒闪击波兰、横扫法国后，英国本土受到德军直接威胁，东、北非的战略态势发生了有利于轴心国的重大变化。由中东英军总司令韦维尔将军指挥的英军部队只好准备孤军奋战，当时英军驻东、北非部队分别只有32500人和66000人，兵力相当薄弱。

意大利独裁者墨索里尼决定利用这一有利时机，以优势兵力夺取埃及和英属索马里，控制苏伊士运河和红海，切断英国的生命线，实现其建立地中海大帝国的迷梦。

为此，意大利集结了50余万人的兵力，其中，奥斯塔公爵指挥的东非军队集团约30万人，装备有813门火炮、63辆坦克、129辆装甲车、150架飞机；格拉齐亚尼元帅指挥的北非军队集团约23.6万人，装备有1800门火炮、315架飞机。

1940年8月4日，意军17个步兵营在装甲兵和炮兵支援下，从早先占领的埃塞俄比亚和厄立特里亚入侵英属索马里。

两天后，意军占领哈尔格萨等地，8月11日，开始向英军主阵地进攻。当时驻索马里英军只有1500人，面对数倍于自己的敌人和装甲车炮，他们被迫于8月15至17日从伯贝拉乘船撤往亚丁。

8月20日，英属索马里被意军占领。在苏丹和肯尼亚，意军集中两个步兵旅和4个骑兵团共6500人、24辆坦克和装甲车，先后攻占苏丹的卡萨拉镇和加拉巴特镇、肯尼亚的莫亚累镇。

但是，英属索马里、苏丹、肯尼亚和埃塞俄比亚人民怀着强烈的爱国热情，同侵略者进行了灵活机动的游击战，迫使意军在这一地区不得不停止进攻。

英军乘机调兵遣将，将其在苏丹和肯尼亚的兵力扩大至15万人，同时也加强了埃及的防御力量。

8月底，英军"光辉号"航空母舰和一艘战列舰、两艘巡洋舰，在直布罗陀分舰队支援下驶入亚历山大港。

经过将近半年时间的准备，英军兵分两路，于1941年1月在东非开始大规模反攻。1月19日，北路英军第四、第五印度师和苏丹国防军，由苏丹东北部向厄立特里亚发起反攻，3月27日，攻克通往厄立特里亚首都阿斯马拉的门户克伦。4月1日，英军占领阿斯马

意大利独裁者墨索里尼（蜡像）

拉。4月8日，驻守马萨瓦海军基地的意军投降，英军俘虏意军15000人，击沉意舰多艘，厄立特里亚反攻战遂告结束。

南路英军第一南非师和第十一、第十二非洲师，于1941年1月24日突入意属索马里，2月25日占领摩加迪沙，继而北上埃塞俄比亚。此时，埃塞俄比亚皇帝尼格斯·海尔·塞拉西结束国外流亡生活，返回国内，领导埃塞俄比亚人民开展游击战争，狠狠打击意大利侵略军，为英军的胜利反攻创造了极为有利的条件。

3月25日，英军占领哈勒尔。

4月6日，夺取埃塞俄比亚首都亚的斯亚贝巴。

5月18日，奥斯塔公爵率意军主力在埃塞俄比亚北部安巴阿拉吉山投降。

至1941年11月28日，在埃塞俄比亚西北部负隅顽抗的意军余部也全部投降。意属东非在沦陷9个月后被英军全部解放。

墨索里尼
发动利比亚战役

意大利在东非发动战争的同时，其在北非的侵略也紧锣密鼓地拉开了序幕。意军在利比亚驻有两个集团军：第十集团军辖九个师部署在东部利埃边境，准备向埃及进攻；第五集团军部署在西部，掩护突尼斯方向。

为加强北非的防御，英军将一些英联邦军队调往埃及，并将三分之一来自敦刻尔克的坦克输往那里。在意军发起进攻时，英军驻北非的尼罗河集团军辖两个师又两个旅，其中一个师在利埃边境展开。

北非与东非，这块浩瀚无垠、气候恶劣的沙漠之地，几千年来一直是兵家必争之地，从古代的腓尼基人、迦太基人、罗马人，到近代的法兰西人、日耳曼人，无不对它垂涎三尺。

西部，它与西班牙隔海相望，扼地中海通往大西洋之咽喉——直布罗陀海峡；东部的苏伊士运河，是欧洲通往中东、近东的必经之地；北面濒临蔚蓝的地中海，只需几十个小时，就可抵达对岸的巴尔干地区。

谁拥有北非，谁就拥有地中海、巴尔干，谁就拥有中东与远东地区。

1940年5月10日，法西斯德国向西欧发起了猛烈的进攻，不久就占领了挪威、丹麦、捷克斯洛伐克、波兰，对英国形成了环形包围圈。

在远东，中国的抗战已经进入艰难时期，日本正虎视眈眈盯着英国在远东的势力范围——马来西亚、新加坡、印度、缅甸。

更令人担忧的是地中海、东非与北非。

在地中海，意大利海军在数量上远远超过了英国驻亚历山大港的舰队。英国目前已无法加强那里的舰只。如果要往地中海调动舰只，势必要影响英

国在大西洋与德国军舰的较量，一旦失去大西洋的海军优势，英国本土的补给线就有随时被切断的可能。

在北非，意大利巴尔博元帅指挥着四个统帅部预备师、两个法西斯警察师和两个殖民地师，约25万人；而英国只有5万人的兵力：第七装甲师、第四印度师、新西兰师等部队。

1940年8月19日，墨索里尼写信给利比亚总督、北非意军总司令格拉齐亚尼元帅，要求其尽快进攻埃及。

他在信中规定：

第一批德军士兵登上英国领土之日，便是你们发起进攻之时。

9月7日，墨索里尼在一次部长会议上再次提到进攻埃及，但格拉齐亚尼元帅认为时机不够成熟，提出将进攻推迟一个月。对此，陆军参谋长巴多格利奥元帅也表示同意。但墨索里尼仍坚持对其决定负责。

他说："格拉齐亚尼元帅，如果你没有能力在下星期一发起进攻，我将考虑起用其他将军。"言外之意就是要将其撤职。

在墨索里尼孤注一掷的压力下，9月13日，意军第十集团军以六个步兵师和八个装甲营越过利埃边界，向英军发起进攻。英军经短时间抵抗即全线撤退。

当天，意军占领塞卢姆，三天后攻占西迪拜拉尼。然而，意军补给日益困难，被迫停止进攻。英军一直后撤到马特鲁港附近的预设阵地才稳住阵脚，重新布置防御工事。由此在两军之间形成了一个130公里宽的中间地带。

意军占领西迪拜拉尼后，开始把注意力转到希腊战场。10月28日，意军入侵希腊，同时在非洲继续作战。英军尼罗河集团军利用这一时机调整部署，并补充两个师，准备将意军逐出埃及。

1940年12月9日，英军一个装甲师和一个步兵师向意军第十集团军发起

德军式轰炸机

有限目标的反击。英军出敌不意地通过意军间隙地，向意军后方实施攻击。意军指挥失灵，大批意军不战而降。

12月11日，英军收复西迪拜拉尼，俘敌2万人。12月17日，进占塞卢姆。

意军仓皇撤离埃及，向利比亚退却。英军乘胜追击，于1941年1月5日占领利比亚要塞拜尔迪耶，1月22日进占图卜鲁克。2月6日，英军占领意大利在东利比亚的最后一个重要据点班加西。

2月10日，英军进抵阿盖拉、马拉达以东一线，占领了昔兰尼加全境。此

北非军人

时，英国首相丘吉尔决定向巴尔干转移兵力，利用意军在希腊的失败，在巴尔干半岛建立军事基地。

英军的这次进攻史称"利比亚战役"。

英军在两个月内向西推进800余公里，以较小代价，取得重大战果。几乎全歼意军9个师，俘虏13万人，缴获坦克约400辆、火炮12900门。

意大利侵略非洲的失败，危及了希特勒征服欧洲的总计划，他不得不把目光也投向非洲。

德国出兵
援助意大利

冷风卷着雪花刮了一天。伯希特斯加登山上，清早的严寒，淹没了晨光，只有那疏疏密密的枯枝，静待遥远未来的春意。在半山腰上，耸立着一栋白色的楼房。这就是希特勒的私人别墅。

这是一座三层的楼房，共有30个房间，在一层挨着门厅的是一间配有一个可以升降的大玻璃窗的起居室兼会议室。二层是希特勒的起居室、卧室和办公室。在这排房间后面几米远的地方是希特勒的情妇爱娃·布劳恩的卧室。希特勒望着桌上的备忘录，这份备忘录是海军作战参谋刚刚送来的。

在这份备忘录里，海军指出：意大利绝不可能进行它的埃及攻势。意大利的领袖是很糟的，他们对局势毫无了解。

海军最后说，因此，这个任务必须由德国来执行。它劝告希特勒说："争夺非洲地区的战斗是德国整个战争中的最重要的战略目标……它对于战争的结局是具有决定性的重要意义的。"

对于非洲，希特勒从未忽视过，那里是他的全球战略必不可少的一部分。他曾命令两个德国坦克师进行沙漠作战训练，以便随时开往非洲，投入战斗。非洲战场打开后，他曾派了一位坦克专家去北非考察，了解那里的局势。但此刻，希特勒并不想积极参加北非作战，他在心里还恨着他的那位意大利盟友。尽管德意两国是轴心国同盟，但两国从大战开始以来，就有了龃龉，摩擦不断发生。开战不到三个多月，双方官员就互相指责。意大利指责德国人没有履行前一年6月间的协议，从意大利的南提罗尔撤退"日耳曼"人，没有按月供应意大利100万吨煤；德国则指责意大利人未能突破英国的封锁将原料

供应德国，反而同英国和法国大做买卖，出卖战争物资，趁机发财。

1941年1月3日，新年刚过，墨索里尼就给希特勒写了一封长信，倾吐了心中的不快，这是墨索里尼第一次，也是最后一次对希特勒坦白、直率地提出自己的不满。他在信中说：

> 俄国不费一枪一弹就在波兰和波罗的海地区坐收战争之利。但是我，作为一个天生的革命家要告诉你，你不能为了某个政治策略上的一时需要而长久地牺牲你的革命原则……我也有责任通知你，你同莫斯科的关系再进一步，就将在意大利引起极为不利的反响。

希特勒没有答复墨索里尼这封信。墨索里尼越来越感烦恼。在整整一个月之中，意大利驻德国大使阿托利科不断询问德外长里宾特洛甫，什么时候可以得到答复，并且暗示意大利和英法的关系正在改进，而且意大利在增加

希特勒会晤墨索里尼

出售战争物资。意大利的这些举动使德国人十分恼火，他们向罗马不断提出抗议，指责意大利帮助西方盟国是不适当的。意大利仍然我行我素。

最使希特勒气恼的是巴尔干问题。早在1940年8月中旬，德国就警告罗马不要在南斯拉夫和希腊采取冒险行动。一旦进

第二次世界大战非洲与地中海战事

攻希腊，等于是向英国发出占领克里特及其他希腊岛屿的公开请柬。这些岛屿是轰炸罗马尼亚油田的最好基地，而罗马尼亚的石油是德军作战必不可缺少的。但是墨索里尼却偏偏要进攻希腊，并且事先并不告诉希特勒。

10月26日，希特勒和里宾特洛甫在从法国各乘专列回国的时候，风闻了墨索里尼的计划。里宾特洛甫根据元首的命令在进入德国后的第一个车站就停下来，打电话给在罗马的意大利外长齐亚诺，主张两国领导人立即举行会议。齐亚诺把此事转告给了墨索里尼，墨索里尼建议10月28日在佛罗伦萨举行会晤。但当希特勒在那一天上午11时从火车上走下来的时候，墨索里尼架子十足地向他走来，用德语宣布："元首，我们在进军！胜利的意大利军队已经在今天黎明越过了希腊-阿尔巴尼亚边界了。"

希特勒十分恼火，为此曾大骂所有联络人员和使馆人员，说："他们虽懂得去高级饭店，但却是世界上最低劣的间谍。"

意大利进攻希腊，把德国的计划搞得乱七八糟。意大利进攻希腊根本没有做好充分的准备，不到一周，墨索里尼入侵的几个师被打得缩了回去。希特勒只得命令武装部队进入希腊，来解除他那位刚愎自用的盟友所受的压力。

1940年11月初，从北非实地考察回来的一名装甲兵将军发来了报告。报告说，意大利根本没有做好进攻的准备，军事指挥官不足，不能保证进攻部队的用水供应，意军的机械化部队在沙漠条件下，马达常出毛病，影响进攻。希特勒拿起笔在报告上连写了几个"？"，然后朝会客厅走去。

会客厅里，海军元帅雷德尔见希特勒走了进来，连忙起立敬礼。

"元首，海军元帅雷德尔奉命来到。"

"坐下，雷德尔元帅，你的报告我看过了，本来，上个月我就准备派第三装甲师去帮助意大利夺取马特鲁的。但是意大利人很猖獗，让英国人教训一下也有好处的。"

"元首，意大利的力量太弱了，可以说是弱不禁风。"

"这些意大利人，他们总认为自己很行，早在5月，我就提议要派德军装甲部队进攻埃及，7月又向墨索里尼提起过，但他坚持认为，意军能够在非洲

011

单独作战。并且认为，在炎热的北非，德国人将和英国人一样必然不如意大利人那样善于作战。"

"目前，英国在埃及对意大利的胜利以及它正在从美国得到的越来越多的物质援助，使得德国有必要集中力量先在北非把英国打垮。"

"你指的是推迟'巴巴罗萨'计划？"

"是的，元首。"

"这不行，向俄国人进攻是我们未来的首要目标。至于英国人，只要我们打败俄国人，他们就会乖乖地坐下来与咱们谈判。出兵北非，留待以后再说吧！"

1941年1月8日至9日，伯希特斯加登山上的贝格霍夫，隆冬的积雪深深地覆盖着这座高山。通往山上的公路已被戒备森严、全副武装的党卫队所封锁。一次秘密军事会议正在"贝格霍夫"别墅举行。

在会上，希特勒向他的军事首脑们讲述着他的"伟大"战略。他谈到了北非战区，说："使意大利不垮台，这一点对于战争的结局十分重要，我决心不让意大利失掉北非。失掉北非会使轴心国的威信大大下降，英国就会逼着墨索里尼媾和，因此，我决心支持他们，出兵北非。"

这是他第一次明确表示出兵。因为，此时英国在北非的反击已取得了胜利，希特勒再也坐不住了。但是，在会上，希特勒又告诫他的军事将领们不要泄露德国的作战计划："不能把我们的计划告诉意大利人，意大利王室极有可能会把情报送给英国人。"

会议后，他决定派往北非的部队要超过预先拟定的规格，他要往利比亚派一个轻步兵师和一个装甲师，设有一个德国军参谋部。但是他心中对意大利仍有不满，他曾对部下说过："意大利人一方面在尖声呼喊援助，甚至用最激烈的言辞描述他们可怜的枪炮和装备，但是另一方面，他们又是那样有妒忌心，那样幼稚，不能忍受德国士兵的援助。如果我们的部队能穿着意大利的军服在那里战斗，我们的飞机在机翼上涂着意大利法西斯党的标志在那里飞行，那么墨索里尼才可能最高兴！"

希特勒决定前往奥地利会晤墨索里尼，向他陈述当前的局势以及德国的战略方针。

这天，奥地利萨尔茨堡火车站，阳光和煦，晴空万里。

一列火车喷着白汽徐徐地驶进了车站。列车停稳后，从车上下来了忐忑不安的墨索里尼和齐亚诺。站在站台上的希特勒走上前去热烈地拥抱墨索里尼，对他冒雪前来会晤表示感谢。这一切使墨索里尼大为感动，紧张的心情顿时释然。

两人寒暄后，墨索里尼登上希特勒的座车，沿盘山道路向贝格霍夫驶去，齐亚诺在里宾特洛甫的陪同下坐上了第二辆车，第三辆是马丁·鲍曼和墨索里尼的秘书切萨雷。到了贝格霍夫后，希特勒设宴招待了墨索里尼。宴会后，两人走出室外，沿着别墅旁的小道散步。在散步中，希特勒向墨索里尼透露了他的战略思想。他告诉墨索里尼，他将继续集中空中优势兵力增援海军对英国的封锁，要困死英国，饿死英国，英国的最终毁灭是不可避免的。

接着，希特勒又对墨索里尼说："俄国一定是英国的最后希望，只有等我们把这最后的希望在大陆上粉碎时，他们才能认输，因此，我们现在必须打败俄国。"关于俄国问题，希特勒只谈到这里，没有进一步说下去，其实，他早就制订好了对俄作战的"巴巴罗萨"计划，只是不想把它告诉墨索里尼。

希特勒话锋一转，淡到了北非，他告诉墨索里尼，德意两国是亲密的盟友，有着牢不可破的友谊，应该共患难。他已决定出兵北非，阻挡英军的进一步推进。

另外，德国空军还将派出重型轰炸机对昔兰尼加的英军实施突击，破坏英国的海上运输，同时与英国海军作战，压制马耳他岛守军的抵抗。墨索里尼为希特勒的慷慨援助而欣喜，连忙致谢，但他哪里知道，希特勒只是担心北非的失利会给即将实施的"巴巴罗萨"计划带来复杂的副作用，才答应出兵北非的。最后，希特勒告诉墨索里尼，他要在地中海上好好教训一下英国，准备攻打克里特岛。

大漠决斗

第二次世界大战非洲与地中海战事

撒哈拉奔袭

　　北非战役开始于1940年，当时小股英国军队击溃了来自利比亚的意大利军队的袭击。随着由埃尔温·隆美尔率领的德国部队的到来，战事在1941年发生逆转。1942年7月，德国人进攻阿拉曼，这是亚历山大港和苏伊士运河之前最后一个战略地点。然而，就像在苏联一样，德国人的后勤供应跟不上，进攻遭到了英军的阻挡。

"魔鬼之师"进军北非

　　意军在埃及和利比亚作战失败后，希特勒为保住北非，专门成立了非洲军团，派曾在法国统帅"魔鬼之师"的埃尔温·隆美尔任军长来到北非，协助意大利人作战。

　　隆美尔是德国符腾堡人，1891年11月15日生于海登海姆。1910年，他作为士官生参加了步兵。1912年学业结束后，被任命为下级军官。他的教官们说，隆美尔身材虽小、沉默寡言，但机警灵敏，头脑清楚。

　　1914年，他参加了第一次世界大战，因两次受伤而获得最高级的铁十字勋章和战功勋章。战争结束后，他先后担任过少校营长、威纳·诺伊施塔德军事学院的上校院长等职。

　　1938年10月，在德军占领苏台德区期间，希特勒任命他为陆军警卫营长，负责保卫"元首"的个人安全。隆美尔始终不是纳粹党员，希特勒之所以对他感兴趣，主要原因是他写了一本关于步兵战术的书。

　　第二次世界大战爆发时，隆美尔在波兰战役中任"元首"行营的司令官，其后担任第十五军第七装甲师司令官，在法国战役中，战功赫赫，他的师是越过松姆河、沿着塞纳河直指鲁昂的尖兵，曾席卷法军左翼，并在圣梵勒利附近俘获了大批英、法部队。也是这一师最先冲至英吉利海峡，并在英国最后一批军队刚刚撤退后就进入瑟堡。

　　1941年1月，隆美尔来到了利比亚。

　　下午，隆美尔乘一架"亨克尔"轰炸机对的黎波里周围实施现场侦察。从机舱里，隆美尔发现港口的东边有一条由沙子构成的隆起地带。他顿时有

了主意：就在这里，利用这一天然屏障来阻截盟军车辆。

回到的黎波里后，他给德国拍了一份电报："我已抵达目的地。我们将在锡尔特进行战斗，我已乘机至该地区勘察过地形。"

第二天早上11时，隆美尔和意军驻北非总司令加里波第在政府议会大楼前举行了军事检阅，一队队德国士兵身着新式热带军服，头戴钢盔，在灼热的阳光下雄赳赳地走过阅兵台。

隆美尔向士兵致敬，并发表了热情洋溢的演说：

我们将向尼罗河推进，一旦局势出现合适的转机，就把这一地区重新夺过来。

乐队奏起了德国和意大利国歌，随后，轰隆的坦克声震动了整个利比亚首都，士兵们径直向东驱车而去。这是一支专业化的精锐部队。

几天过后，第五轻装甲师的主力第五坦克团在的黎波里登陆。威武的德国坦克轰鸣着滚过利比亚的首都。

这是隆美尔为迷惑英军而想出的一条诡计。为了对付英国的侦察，他命令部下用木头和纸板做了几百辆坦克，有些做得十

隆美尔（左三）检阅德国非洲军团

017

分逼真，其余的是把原来的沃尔克式卡车装饰了一番。卡车和摩托车在这些"坦克"之间绕来绕去，而真正的坦克，为了避开英机拍照，早已井井有条地转动着履带开过了沙漠。

隆美尔命令施特莱彻将军指挥的第五装甲师从锡尔特出发，沿着海岸向东进行探索。一路上，竟然没有发现英军的任何踪影。

1941年3月4日，隆美尔的部队轻而易举地到达了埃尔蒙格塔。

隆美尔开始感到十分迷惑，英军在哪里呢？

原来，英国的第七装甲师在2月底已调回埃及去休整，接替的是新调来的、没有经验的第二装甲师一部分；第六澳大利亚师已派往希腊，而接替它的第九师在装备和训练方面都不充分；英军统帅奥康纳也在休假，由一个初

德军装甲车在沙漠巡逻

出茅庐的司令官代替。

3月31日，施特莱彻攻占了布雷加港。

4月2日，第五装甲师攻占了阿杰达比亚。此时，第五装甲师只有一个装甲团、两个机枪营、两个侦察营、三个炮兵连和一个高射炮营。

隆美尔意识到英国人已开始了一次从昔兰尼加这个鳞茎状半岛的总撤退。阿杰达比亚是直接通向这个半岛的许多条道路的起点，要不要继续向前推进呢？片刻，隆美尔态度坚决地下令道："命令部队立即准备跨过昔兰尼加。"

昔兰尼加是个几乎茸木不生的地方，因此看不到日光阴影下的风景。杰布尔阿卡达是个荒芜的断裂山区，由几道山谷把它劈开，白色或红色的沙粒常常席卷这些山谷，阻碍一切植物的生长。

这里只有贫瘠的沙石和阿拉伯人的帐篷、羊群和骆驼。机械的力量在沙漠上几乎完全受限制。

在图卜鲁克周围，看不到一个居民的踪影，甚至连矮小可怜的树木也很稀少，多刺的灌木赤裸裸地挣扎着。

4月4日黄昏时分，只习惯在欧洲柏油路上轻松行驶的驾驶员们一个接一个地撇开坚固的维亚比尔比西公路，向东插进了荒凉的沙漠。

在此后的整整一个星期，隆美尔的小股部队艰难地跋涉在这片沙漠之中，穿行在闪烁跳跃的热浪里。正午的太阳使干燥的空气温度上升，而夜晚的冷空气竟能在一小时内使气温降到零度，还有沙漠里的青蛇、蝎子和令人讨厌的苍蝇大军。

而赛过这一切的最危险的敌人，则是在那令人痛苦的干渴之后，突然刮来的沙漠风暴。风暴开始时只是一小点古怪的旋风在灌木丛之间旋转，转瞬就变成时速70公里的狂飙，搅起几百万吨滚烫、细小的沙粒，铺天盖地地卷过沙漠。这种风暴会一连持续好几天，细小的沙粒能渗进一切东西里去。

风沙遮住了挡风玻璃，切断了人的视线。

为了掌握部下的行动，隆美尔每天乘坐飞机在沙漠上空来回巡视，督促

部队加速前进。对那些迷了路的人，一经他发现，就指给他们正确的方向。他两次误入英军阵营，把英军当作自己的部队。

4月8日，施特莱彻的坦克攻占了梅尼奇要塞。同一天，古斯塔夫·波纳斯上校的第八机枪营攻占了德尔纳。

英军奥康纳将军的汽车由于误入敌阵，将军本人被俘。

这时，波斯纳的部队已经到了筋疲力尽的地步，他报告说，他们每一挺机枪都只剩了最后一条子弹带，但隆美尔却冷酷无情地命令波斯纳立即继续沿公路向东挺进，目标是图卜鲁克。

隆美尔赢得了这次出其不意的进攻，他恐怕一直没有想到其成功的原因是什么。他与德国最高统帅部的全部秘密通讯一直是用"艾尼格玛"密码传送的。纳粹的密码专家一直认为这种密码绝对安全，盟军是无法破译的。

隆美尔用这种密码将电文拍往罗马，然后再用电话传送到希特勒的大本营。然而，在遥远的一个英国小乡村里，英国人安装了一种更为先进的设备。它有一座房子那么大，能够将艾尼格玛的秘密信号破译出来，再把它传送给与隆美尔对峙的英军指挥官。

但是，隆美尔恰恰多次违背希特勒发给他的命令。

1941年4月初，英国人从破译的电文中得知，德国统帅部下达给隆美尔的命令是固守班加西，他们设想隆美尔肯定会执行这一命令。没想到隆美尔违背希特勒的命令，一路凶猛进发，所以，当隆美尔突然出现在英军面前时，英军一触即溃。这就是德军取胜的一个偶然因素。

德军迅速向前推进，直逼图卜鲁克城下，英军形势危急。

"沙漠之狐"
围攻图卜鲁克

图卜鲁克仅仅是昔兰尼加的一个海湾，但它有着极为重要的地位，它封锁着32公里长的海岸公路，迫使隆美尔的给养运输队不得不向前开往埃及边境，然后再绕过一条长50公里且情况变幻莫测的小道。

这座小城像一个楔子，插在德军的背后，德军要想向埃及推进，必须先拔掉这个楔子。

英军中东总司令韦维尔也深知图卜鲁克的重要性。他下令据守的部队要誓死守住图卜鲁克，决不允许产生撤退的念头。

图卜鲁克坚固的防御工事是意大利人留下来的。意大利士兵在撤退之前，曾沿着这条30多公里长的环形防线设计和修建了138个互相连接的战术据点。

据点的坦克壕、射击壕的所有通道全用木头覆盖，上面铺上了一层薄沙作为掩盖，内部还修筑了反坦克炮掩体和机枪壕。这些据点在完工时与地面被铺成一个水平，进攻者只有到了跟前才能发现。

驻守图卜鲁克的共有30000余人，其主力是刚从昔兰尼加撤退下来的澳大利亚第七师。

隆美尔决定要攻下图卜鲁克。按照隆美尔的命令，波斯纳的机枪营继续迅速向前推进。1941年4月10日到达了距离图卜鲁克只有11公里的地方。波斯纳付出了极大的努力，力图把其部队再向前推进2000米，可这里的反坦克炮和机枪封锁了整个路面。

德军伤亡重大，士兵们只得跳进现有的小掩体内，等待着重型火炮的支

援。

4月10日，隆美尔驱车来到第一五四师师长海因里希·冯·普里特威兹少将的帐篷前，他大声嚷嚷要查清为什么向图卜鲁克发起的进攻停顿了下来。"英国人正在逃跑。"他怒气冲冲地对普里特威兹说。普里特威兹困惑地红着脸。

他的第十五装甲师昨天刚到非洲。听到隆美尔的指责后，他抓起手枪，就冲出了帐篷。意大利将军施维林把自己的小轿车和司机借给他，看着他飞也似地开下公路，朝图卜鲁克开去。

他驶进了一个不知名的地带。惊惶的机枪手们看到插着将军三角旗的小轿车从后面追过他们，最靠近公路的一个机枪组士兵尖叫着警告说："停车！停车！"

普里特威兹在飞驶的汽车里站起身来向后高喊着："跟我来，前进！敌人正在逃跑！"就在这一瞬间，一发反坦克炮弹猛然落进他的小车里。

德军在进攻（模拟场景）

　　指挥所里，隆美尔得到普里特威兹阵亡的消息后，脸色苍白，一言不发地冲出指挥所，驱车奔向图卜鲁克。

　　他来到图卜鲁克的南边，叉开两条粗壮的大腿，紧握着望远镜，凝视着图卜鲁克，脸被非洲的太阳晒得起了水泡。

　　隆美尔的心情糟透了，第五装甲师师长施特莱彻常常以燃料不足为借口，拒绝进攻。望着图卜鲁克，他的热血就会上涌，同时，对施特莱彻的恼火也越加旺盛。

　　11日，他命令施特莱彻发起进攻。施特莱彻派波纳斯疲惫不堪的第八机枪营从南线出击，奥尔布雷奇的全部可用坦克，大约20辆，在右翼平行推进。

据空军当时的侦察，英军正从海上撤离图卜鲁克。

隆美尔命令道："你们必须快速行动，否则澳洲袋鼠就要跑光了。"

下午16时，德军坦克滚滚前进，第八机枪营紧跟在坦克后面向前冲去……

突然英军的炮火在前边组成了一道火力网，德军坦克掉转车头，飞快地向后逃去，把波纳斯的第八机枪营扔在了后边。在英军火力的阻拦下，第八机枪营无法后撤。

4月12日，一场猛烈的沙漠风暴开始了。隆美尔命令利用风暴作掩护，在下午15时30分组织一次新突袭。然而就在发起突袭之前，风暴减小，装甲师师长施特莱彻问他是否停止进攻，隆美尔的回答是照旧进行。

但攻击的结果仍旧同前一次一样。下午18时，坦克团指挥官奥尔布雷克回来报告说，他的坦克无法突破敌人的防线，并且付出了高昂的代价，从战斗开始时的161辆坦克，减少到不足40辆。71辆最新的三型坦克，现在仅剩9辆。

13日深夜，波纳斯的第八机枪营奉隆美尔之命再次发起攻击，为坦克团在拂晓前的进攻筑起了一个桥头堡，但结果却被英军悉数攻克，500名士兵中，只有116人在夜间逃脱，机枪营指挥官波纳斯和他手下的许多士兵阵亡了。

隆美尔愤怒至极但又茫然不知所措，他暴跳如雷地命令施特莱彻下午19时再次发起进攻。但施特莱彻拒绝了。

围攻图卜鲁克的失败使隆美尔的威信骤然下降，士兵中开始有人反对隆美尔了，认为隆美尔宁愿毁掉大批优秀士兵，也不肯做好适当的准备再发起进攻。

为此，隆美尔去看望了遭到重创的第八机枪营的残部，鼓励他们说："只要大家再接再厉，我们很快就将到达开罗。"

英军"战斧"
计划夭折

英军中东总司令韦维尔上将近日来连连遭到统帅部的指责，自隆美尔进入非洲以来，英军接连败北，引起了国会议员们的责问。

作为中东总司令，韦维尔感到有必要实施反击，把那只"沙漠之狐"赶回图卜鲁克以西去。他把自己的计划告知了丘吉尔，丘吉尔连声说好，并将此命名为"战斧"，意指要用斧子狠狠地砍断伸入埃及的狐狸之爪。

经过精心准备后，1941年6月15日，英军的部队沿着河岸平原和高原向前开进。当英军冲至德军阵地前沿时，已经整整等了一夜的德军立即实施了反击。

在灼热的高温和令人窒息的尘埃中，双方的士兵进行了残忍的拼杀。

英军的"马蒂尔达"坦克吼叫着冲进敌阵。德军的重机枪子弹和37毫米的反坦克炮弹雨点般射向英军的坦克，但丝毫不起作用。德军没有任何办法对付这种坦克。

英军的坦克继续向前冲去。德军的一门门反坦克炮，一挺挺机枪在履带的碾压下成为碎片。

隆美尔在情急中想起了88毫米高射炮，何不用它来试一试呢？

这一尝试竟然获得了巨大的成功，一辆辆马蒂尔达坦克在88毫米高射炮面前转瞬间失去威力。德军终于找到了对付马蒂尔达坦克的办法。12辆从高原一侧进攻隘口的英军马蒂尔达坦克，有11辆被88毫米高射炮击毁；另有6辆从海岸逼近的马蒂尔达坦克，也有4辆在阵地前被德军击毁。

隆美尔创造了奇迹。战斗结束后，一名被俘的英军少校要求看一看摧毁他坦克的大炮，当88毫米高射炮摆在他面前时，他说："这太不公平了，竟

然用打飞机的高射炮打坦克。"

不知道这一秘密的英军猜测，这是三型和四型坦克发射的一种令人震惊的炮弹。

6月16日，双方的坦克战更加激烈，伤亡人数直线上升。

形势对德军不利，因为一比一的拼法，只会耗尽德军的战斗力，而英军的增援部队正源源不断地涌上来。

隆美尔坐在指挥所的炮弹箱上，紧锁着眉头，用手轻轻地抚摸着脖子上的热疮，这是撒哈拉沙漠给予他最好的礼物。

他站起身，钻出指挥所，望着不远处一条曲折蜿蜒的公路，顿时有了主意。

他返回指挥所，立即电告第十五装甲师撤离卡普诺，与第五装甲师平行向南推进，全力打击英军的侧翼。然后，冲向哈勒法亚海岸。他要以此切断英军的退路，解除英军对哈勒法亚隘口的包围。

第五装甲师和第十五装甲师接到命令后，立即向前突进，次日清晨顺利地到达了目的地。英军始料不及，仓促向南撤退，以避免被歼。

韦维尔将军得知隆美尔从背后向英军发起攻击，英军处境不利时，就亲自赶到战场，但他也无法挽回局势，于是最后放弃了"战斧"行动。

不久，这位连连不走运的将军被撤销了中东总司令之职，改由奥金莱克继任。

隆美尔却由于战绩辉煌，被提升为上将，此年他才50岁，是德军中最年轻的上将。同时，德国统帅部决定将非洲军升格为非洲军团，统率非洲军和意大利第二十一军。

隆美尔把进攻图卜鲁克的日期定在1941年11月份。整个夏天里，北非战场出现了少有的平静。

在隆美尔的催促下，各种给养和援兵开始向北非运来。8月末，一个新编的师来到了班加西，这就是后来的第九十轻装甲师。至此，隆美尔手下的德国师增加至四个，其中第十五和第二十一装甲师仍由非洲军统辖，第五和第九十装甲师归装甲军团直属。

此外，一批有着出色才华的军官也陆续来到了隆美尔的麾下。个头很高、举止文雅的齐格菲尔德·威斯特法尔中校担任了作战部长一职。从苏德战场上来的，有着丰富坦克战经验的弗里兹·拜尔莱因担任了隆美尔军团的主力——非洲军团的参谋长。

攻打图卜鲁克的准备工作正在紧锣密鼓地进行着。

德军的大炮（模拟场景）

英派遣突击队
暗杀隆美尔

  自隆美尔出兵非洲以来，英军损失惨重，一些部队被歼，坦克和其他重武器几乎丧失殆尽。北非战役引起了英国首相丘吉尔的重视。

  丘吉尔认为，丧失北非翼侧阵地非常危险，它可能导致英军被赶出非洲，断送英国的近东作战的一切计划，割裂英国同英联邦其他国家和殖民地的联系。因此，英国不能轻易放弃非洲这块阵地。

  英军统帅部指出，北非英军有继续作战的良好条件，既可通过海空协同，瘫痪意大利与的黎波里之间的海上运输，破坏德意联军的补给，又可依托图卜鲁克要塞和埃及，实施一系列小规模进攻，为尔后反攻创造有利条件。为此，决不能轻易让出非洲。

  1941年4月30日，固守图卜鲁克据点的英军粉碎了德意联军新的进攻。在利埃边界，英军于5月15日发起反攻，推进到塞卢姆和卡普措堡。后因德意联军加强抵抗，英军于两天后，撤回进攻出发阵地。

  6月15日，英军经过周密准备再次发起反攻，企图夺回哈尔法亚隘口和边界工事，以便推到图卜鲁克，解救被围据点。英军向哈尔法亚隘口东南实施迂回，经卡普措堡向北推进。不久，德军第十五装甲师在第五轻装甲师的支援下，终于阻止了英军的反攻。

  11月17日，利比亚下了一场多年未见的暴雨。狂风吹起浪涛，砸向海岸。两艘英国潜艇在暴雨和狂风骇浪中悄悄地浮出水面。这时，海岸上有人用电筒发来信号，表示一切安全，可以登陆。

  在波涛汹涌的海面上，潜艇放下了几艘橡皮艇，由于浪高风大，转眼

间，大多数橡皮艇被打翻，不少人溺水身亡。剩下的其他人员好不容易才到达海岸。他们是"雷弗斯敢死队"——英国著名的突击队，是从各部队中挑选的佼佼者组建的。他们的主要任务是帮助大部队"探险、炸毁铁路、破坏桥梁；深入敌后、绑架暗杀"，其领导人是雷考克中校。

奥金莱克自从接任了韦维尔中东战区总司令一职后，一天也没有轻闲过。他时刻想着给隆美尔来一个致命的反击。夏季后，英军的增援部队抵达前线，双方的力量对比出现了变化。

奥金莱克制定了对付隆美尔的"十字军"行动计划。为了在"十字军"行动前使德军群龙无首、打乱其指挥系统，他决定派雷弗斯敢死队去刺杀或俘获隆美尔，切断德军的通讯联系。

早在一个月以前，英国情报人员在黑夜乘飞机降落在利比亚的沙漠，经过艰苦、危险的侦察，找到了隆美尔的司令部。

此时在暴风雨中，雷考克中校正把幸存下来的人员分成三个小组：他本人率领第一组，负责看管放在干涸河道中的弹药和粮食；克库中尉带领第二组，在吉烈尼南方的十字路口，负责切断通讯路线；吉斯少校则率领主力攻击隆美尔的非洲军团司令部甘布特。

吉斯少校率领着突击队艰难地向贝达利托里前进，隆美尔的司令部就在那里。零时30分，他们来到了一座隆美尔非洲装甲兵团的指挥部二层楼房前。吉斯下令部队展开，他自己跃过篱笆，跨上台阶，推开房门。这时，突然出现了一个头戴钢盔、身穿大衣的德国军官。

吉斯用冲锋枪逼住他，不让他出声，但是这个德国军官却抓住枪身，与吉斯争夺起来，坎培尔及时赶到，用手枪将德国军官打死。吉斯带领大家继续向里冲去。一位名叫考夫赫尔兰的德国中尉听到枪声刚拔出左轮手枪冲到房门时，德利上士端起汤姆式冲锋枪一阵猛扫，德军中尉应声倒地。

吉斯少校箭步冲上二楼，发现一个房间里有十多个戴着钢盔的德国兵。他端起枪猛扫，身后的坎培尔冲房间的德军扔了一枚手榴弹，里面的灯一下全灭了。

在非洲前线的隆美尔（左三）

　　"撤！"吉斯大喊一声，就在这一刻，一颗不知从哪里飞来的子弹击中了他的心脏。他一声没哼，就栽倒在地，坎培尔迅速指挥部队撤到屋外，刚到大门口，一名英军误把他们看成德军，一阵猛扫，坎培尔身受重伤。德利上士弯起腰要把他背走，他坚决地拒绝了，下令德利上士立刻将部队撤离。

　　这次袭击，德国人只伤亡了四个人，在昔兰尼加的目标都没有受到攻击，唯一受到损失的是一个汽油供应站被炸掉了。除了雷考克中校和一名中士外，英国派去的全部人员都牺牲了。这位中校和中士待在干涸的河道里，待到"十字军"行动开始后，英国的先头部队才把他们救出来。

至于那栋二层楼房只不过是隆美尔的临时司令部，一个月前，隆美尔就将自己的司令部移至了距前线不足100公里的一个四方形的白色小客栈里。

突击队员即使在那儿也不可能抓到他，那一天，他的亨克尔飞机在飞回非洲的途中发生了故障，不得不在雅典降落检修。

刺杀隆美尔行动失败了。

一份贝达利托里指挥部被袭击的报告迅速地送到了隆美尔手中，隆美尔看了一下报告，迷惑地摇了摇头，他弄不明白，英军怎么会选择贝达利托里为袭击目标？

他唤来军团参谋长，命令野战医院务必全力医治受重伤的英军坎培尔上尉。另外，将吉斯少校同牺牲的德军官兵厚葬在一起。参谋长惊讶地望着隆美尔，隆美尔看了他一眼，"我们这样做的目的在于，以此鼓励广大官兵养成骑士风度，体现我们的高尚品德。"

几天后，吉斯少校带着一个军人的全部荣誉与隆美尔司令部四名被击毙的德国人，肩并着肩地入葬了。

丘吉尔实施
"十字军" 行动

为了将敌人逐出非洲，丘吉尔决定采取代号为"十字军"的行动。

英军突破封锁，不断地向北非增兵。坦克团从4个增加到14个，这样就为突击部队提供了4个完整的装甲旅，并从海上运往图卜鲁克一个旅，作为守军突围时与突击部队会师之用。另外，还增派了3个摩托化步兵师。

整个北非的部队改名为第八集团军，以中将艾伦·坎宁安爵士为司令。新的集团军共有两个军，一是戈德温·奥斯汀中将指挥的第十三军，辖有新西兰师、第四印度师、一个步兵坦克旅。二是诺里中将指挥的第三十装甲军，辖有第七装甲师。第二南非师为总预备队。

进攻计划的基本部署是，由第十三军牵制边境据点上的德军，第三十军迂回到这些德军的侧翼，搜索并摧毁隆美尔的装甲部队，然后与图卜鲁克守军会合，图卜鲁克的守军从里向外反攻，与第十三军会师。

早在1941年10月份，德国和意大利的情报曾多次提出警告，英军正在埃及增兵。但隆美尔却毫不介意，他向妻子露西保证："眼下英军还有别的顾虑。"

德国最高统帅部曾做出最后努力，以期改变隆美尔的想法。统帅部指出了英军在非洲日益增长的空中优势，他们要求他考虑是否等到1942年再开始这一行动，但隆美尔的答复是不行。他认为轴心国现在正处于绝对优势，图卜鲁克很可能在两天之内便会投降。

1941年11月11日，隆美尔的情报官告诉意大利的联络官："请你们不必担心，因为英国人不会发动进攻。"

一份航空照片拍摄了英军在卡塔拉低地以南一个新机场上停放着100多架飞机。另外一些照片也表明，一条起自马特鲁港跨越沙漠直抵前线铁丝网的军用铁路已经建成。

当这些照片送到那时正在罗马休假的隆美尔手中时，隆美尔怒不可遏地将它们全扔在了地板上，大叫道："我拒绝看这些东西。"

"十字军远征"于1941年11月18日打响，数十万英军将士和700多辆坦克向萨卢姆发起了冲击。

天空低沉而又郁闷，坦克履带搅得尘土飞扬，烟雾弥漫。从东面的埃及边境到西面的图卜鲁克城外以南的公路上，到处都是英军的坦克。英军坦克在跨过海岸平原后，艰难地爬上了陡峭的悬崖，然后像决堤的洪水一样，淹没了德军的梯形战场。但是隆美尔仍然认为英军不会立刻发动大规模进攻。当18日清晨，德军的两个侦察营同英军先头部队相遇，一份英军已大举进攻的报告送到了隆美尔手中，他还未相信。

由于情况不明，非洲军司令官克鲁威尔中将决定让第十五装甲师处于待命状态，并且将腊芬斯坦的一个装甲团派往甘布特以南一个叫甘布萨尔赫的小地方戒备。当他把这些建议告知隆美尔时，隆美尔十分生气，指责克鲁威尔过于紧张，并且不让腊芬斯坦把坦克团派往南线。

黄昏时分，施陶芬贝格上校率领的德军第五装甲团向南插入甘布萨尔赫，与那里的一个英军装甲旅发生了厮杀，并击退了英军的进攻，但是施陶芬贝格上校却由于英军的轰炸而身负重伤，失去了一只眼睛和右臂。

谁也不会想到，这位为希特勒战争而卖命的军官后来竟干了一件令全世界大为震惊的事，他把炸弹安放在离希特勒很近的桌子底下，炸弹爆炸了。只因隔了厚厚的橡木板，希特勒没有被炸死。

他没有成功，反而因此事葬送了自己和一大批反法西斯军官们的生命，其中包括他的老上级，"沙漠之狐"隆美尔。

19日，英军占领了锡迪-雷日弗高地，这里离隆美尔的后方仅有10公里，德军受到了严重的威胁。

恰好就在此时，开罗ＢＢＣ广播电台的女播音员用纯正的德语说："我们英勇的第八集团军，拥有75000名装备精良、武器优越的士兵，已经在西部沙漠开始向隆美尔部队发起了总攻，目的在于消灭他的非洲军团。"

隆美尔终于明白了。他关掉收音机，抓起电话筒大叫道："我是隆美尔，给我接克鲁威尔将军。"

在电话里，隆美尔命令克鲁威尔率领两个装甲师，立即沿着英军装甲部队留下的痕迹，从甘布萨尔赫向北直趋图卜鲁克，夺回锡迪-雷日弗高地。

在接下去的两天里，双方展开了激烈的坦克战，双方的阵脚彻底地乱了，互相切割成一股股独立的力量。

1941年11月23日下午，天下起了毛毛细雨。克鲁威尔的三个坦克团——阿雷艾特、第八和第五装甲团全速向北，滚滚而进，喷射着穿甲弹和机枪子弹。紧随其后的是满载全副武装的步兵的重型卡车。

英军进行了英勇的狙击。炮弹和子弹呼啸着射向德军，炮火和车辆燃烧的浓烟遮黑了地狱般的战场。坦克遭到重创，但剩下的仍然疯狂地继续前进。德军步兵团指挥官辛特尔笔直地站立在自己的小汽车和卡车上，车辆在坚硬、潮湿的砂砾上颠簸行驶。

一颗子弹飞来击中了辛特尔的脑袋，他左右摇晃了几下，从车上栽了下去。不一会，他的营指挥官冯·格诺尔曼少校也被直接射向他卡车的子弹命中。德国军官一个接一个地伤亡。到后来是一名中尉团部副官承担了全团的指挥任务。在克鲁威尔代价高昂的蛮力战术下，英军的士气受到了极大打击；下午18时德军的方块形部队闯入了英军阵地。

隆美尔非常兴奋。他决定孤注一掷，把全部机动兵力集中起来，实施一次猛烈的冲击，直捣英国第八集团军的后方地域，打乱英军的后方补给线，并且瓦解英军的斗志。

11月24日清晨，隆美尔对司令部的人员说："我将站在非洲军团的前列追击敌人，我今天晚上就回来。"

上午10时，隆美尔惊人的冲击计划开始了。第二十一装甲师向英军第

三十军猛扑过去，紧跟其后的是西尔科少将率领的第十五装甲师。

德军疯狂的冲击行动使英军惊慌失措，纷纷仓皇向东方败逃。一时间英军乱作一团，艾伦·坎宁安中将慌乱中跳上一架轰炸机，从简易机场上仓促起飞。德军的坦克部队继续向东挺进。

隆美尔仍然笔直地站在敞篷汽车里，寒风呼啸着从耳边掠过。天渐渐暗了下来，敞篷汽车驶过了边境铁丝网进入了埃及。

突然，他的小汽车方向盘在越过一座沙丘时被折断了，发动机也熄火了。隆美尔从车上跳了下来，环顾四周，才发现后面的部队没有跟上，只有

战场上的坦克 ▼

他一辆车穿过铁丝网。"阁下，后面有一辆车驶来，好像是英国车。"随行的参谋长紧张地说道。

"快，躲到车底下去。"隆美尔急促地说。说完，他迅速地钻到了车底下。车子驶近了，是一辆英国产的"猛犸"车，但车上坐的是非洲军军长克鲁威尔。隆美尔松了口气，站了起来。

一看到隆美尔，克鲁威尔十分兴奋，自从战役开始后，他们已有好几天没有见面了。他急忙让隆美尔上了"猛犸"。

在车上，隆美尔兴奋地对克鲁威尔说："我们的部队打得英军丢盔弃甲，仓皇逃窜，我一直在追击部队的最前列，第一个冲过边境线上的铁丝网，你们是第二个。"

克鲁威尔大吃一惊，他原以为隆美尔和大部队在前面，所以指挥着"猛犸"向前猛冲，想不到现在越过边境的只有他们几位非洲军团的高级将领，他的额头立时冒出了冷汗，急忙说："总司令，这太危险了，我们赶快返回利比亚。"

隆美尔笑了笑，向司机挥了挥手说："调转车头，回去！"

但是到了边境上，司机怎么也找不到来时的缺口。天色漆黑一片，又不敢开灯，好长一段时间只好在铁丝网前绕来绕去。

隆美尔二话不说，来到司机旁，推开司机，亲自把着方向盘。汽车像一头发狂的野牛在黑夜里横冲直撞，但仍然没有找到缺口，"猛犸"车的边上不时地驶过英国的卡车，他们已闯进了英军阵地。

隆美尔干脆将车开到一个沙丘旁，让发动机熄了火。"大家在车上先睡一觉吧，等天亮了再回去。"隆美尔将头往椅背上一靠，轻松地对大家说。

第二天天一亮，隆美尔就发动了引擎，不多时便在铁丝网上找到了缺口，众人都怀着谢天谢地的心情溜回了利比亚。

非洲军团
撤离昔兰尼加

　　在1941年11月份的最后几天里，英军渐渐地恢复了过来，双方又继续厮杀起来，并且都付出了惨重的代价。德军死伤、失踪近4000人，损失坦克142辆；英军损失了814辆坦克和装甲车、127架飞机，9000人被俘。

　　尽管英军损失重大，但奥金莱克正确地估计到了隆美尔部队的弱点，地中海已被英国舰队控制，至少在近期内，德军无法得到新的补给和增援部队。而英国却有新的部队和后备坦克可以调来作战。因此他决定继续打下去，把边境的第四印度师调往前线，与英国第七装甲师会合，以切断隆美尔的补给线和退路。

　　隆美尔从无线电和空军侦察中得知，一支强大的英军正从南面逼近，决定向西撤退。12月4日，他悄悄地削减并撤除了图卜鲁克包围圈以东的装备，拖拉机拖着大炮向西进发。5日夜晚，担任掩护任务的第九十轻装甲师也悄悄退出了阵地。

　　隆美尔开始向加扎拉退去。他告诉柏林，他计划直接跨过昔兰尼加暂时撤退。起初，他的将军们和意大利人一样感到迷惑不解。当他将准备撤退的命令于12月4日送到非洲军那里时，克鲁威尔愤怒地回答说，他已经使英军遭受了重大的损失，"完全没有必要在这时撤退。"

　　意大利最高统帅部总司令卡瓦利诺认为，隆美尔的行动未免操之过急，忽视了日本参战的重大意义，已经有迹象表明英军正把战斗部队从北非转移到远东。

　　当卡瓦利诺16日飞往利比亚时，意大利的指挥官们向他倾诉了一肚子的

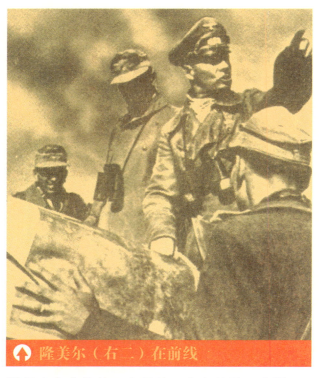

↑ 隆美尔（右二）在前线

委屈。

随后，卡瓦利诺亲自拜访了隆美尔，他告诉隆美尔的第一句话是，昔兰尼加的丢失对意大利无疑将是一颗政治炸弹。

隆美尔回敬道："整个的黎波里的丢失将是一颗更大的炸弹。"

那天晚些时候，卡瓦利诺又一次拜访了隆美尔，要求他将撤退命令收回。但是隆美尔没有答应。

这一仗对隆美尔来说是十分痛苦的，这是他一生中的第一次撤退。为此，他付出了惨重的代价，第二十一装甲师师长西尔科被燃烧弹烧成面目全非，痛苦地永远闭上了双眼；第九十轻装甲师的指挥官苏梅曼也在一次英国空军的进攻中阵亡；瘟疫已在沙漠上肆虐，包括克鲁威尔在内的许多官兵都染上了黄疸病。现在，他只仅剩下驻扎在沿萨卢姆前线以及巴迪亚的14万名士兵了。

非洲军团不撤，就有全军覆没的危险。

1941年12月8日午夜，撤退正式开始。11日，隆美尔退到了加扎拉。

德军的撤退十分艰难，卡车和坦克常常陷入泥沼，要用绞车一辆一辆地拖出来。白天，英军的飞机不断地向他们发起进攻。

12月16日，德军又从卜雷加港开始撤退，德国非洲军团和意大利机械化军取道沙漠，意大利步兵师则沿着海滨公路退却。

英军迟迟没有发动追击，第四装甲旅直至第二天下午13时才出发，两小

时后，在离哈莱格埃莱巴不到12公里的地方，停下宿营，同时也为继续前进做后勤准备。

18日，他们沿着沙漠道路前进，到梅基利南面的一个地方，但在转向北进时，刚刚错过捉住德军后撤部队队尾的时机。

与此同时，第四印度师乘汽车前进，一路逼近海边。19日清晨，占领了德尔纳，但意军的步兵师大部分早已安全通过了咽喉地带。第四印度师企图再往西追击，终因地形复杂和汽油缺乏而放弃了。

28日，第二十二装甲旅、警卫旅在追击中，不仅没有取得胜利，反而在阿杰达比亚被隆美尔一个反击，损失惨重。第二十二装甲旅这支英勇善战的英军劲旅损失了60多辆坦克。

1942年1月份，隆美尔的非洲军团全部都已脱离"危险区"。与此同时，德军的一支6艘舰艇的护航队，偷越过英军的海空军封锁网，给隆美尔运到了一批坦克，潜水艇也送来了10万颗地雷。

这一切对疲惫不堪的非洲军团无疑是打了一针兴奋剂，隆美尔命令部队就地设置防线，同时要求部队立即投入整训，等待时机发起进攻。他自己每天乘坐侦察机在前线上空飞来飞去，了解情况。

而此时，英军的后勤补给线延伸了1000多公里，英军的给养正面临着困难。由于太平洋战争的爆发，英军的不少飞机已调往亚洲，无力再进一步向隆美尔发起进攻。

双方在北非出现了对峙的局面。

德军占领
锡迪·雷日弗机场

春天来了，撒哈拉沙漠的褐色地面已被绿色取代，沙漠成了一块由鲜艳的红色、柠檬黄、紫色、丁香花色、绿、橙、紫罗兰色和白色点缀的地毯。

几个月来，隆美尔仍把主要精力放在了让柏林、罗马增兵和训练一事上。他不断地向希特勒和墨索里尼陈述非洲军团的困难以及他的宏大计划。

终于，增援部队源源不断地向北非运来。1300名德国空降兵——曾入侵克里特的老兵——飞来了。装甲军团的指挥官也做了调整。俾斯麦少将指挥第二十一装甲师；瓦尔斯特中将指挥第十五师。隆美尔将缴获的英军卡车都做了分配，坦克和战斗装甲车也重新喷上了非洲军团的番号——棕榈树和图案。

整整一个春天，隆美尔在严格地训练部队。新补充的步兵学会了在烟幕和坦克的掩护下如何向敌军阵地发起进攻；军官学会了如何像坦克炮火观测员那样行动，及时向后方请求炮火援助。

当1942年5月，炎热而又多风暴的日子开始缓慢地吞噬着撒哈拉大地时，隆美尔做好了进攻的准备。无垠的沙漠上，又将洒满鲜血……

5月12日，在德尔那附近的一所石头建筑里，隆美尔与全体非洲军的高级将领召开了军事会议。会上，伴随着急促、明快的手势，隆美尔说："我们将在北面进行佯攻，把英军的装甲部队引诱到那边，然后，我们的全部坦克都迂回到南端，进行侧翼包抄。这一行动将在 X 日的下午两点钟开始。我军主力将在第二天拂晓从这里出发。"他指着地图的末端说，"主力部队将在 X 日天黑后开始运动到规定的起点线，晚上21时出发。"

随后，他向指挥官布置了他们各自的进攻目标以及发起进攻的时间。4天后，隆美尔又把计划扼要地告知步兵指挥官们。隆美尔这一次更加详细地部署了他的部队。按照他的部署，克鲁威尔将在前线的北端指挥两个步兵军。佯攻将在 X 日下午两点开始，也就是说在大白天进攻，并立即插入英军阵地10公里。

"德军一个装甲营和一支缴获的坦克部队将从第二十一军的防御阵地出击，"隆美尔指着地图上沙漠侧翼的地方，又接着说，"然而只要黄昏一降临，德军的装甲营就撤回加入我军主力装甲部队从这里发起进攻。"

军官们茫然地望着隆美尔。望着那些迷惑不解的面孔，隆美尔解释说："为什么要调一支坦克部队参加佯攻呢？其主要目的是迫使敌人放弃装甲部队目前的部署，把他们调到你们两个步兵军的前面，使我们的主攻部队减少压力，快速向敌人纵深突入，占领图卜鲁克。"

5月26日下午14时，意大利的两个步兵军向加扎拉防线的英军发起攻击。一时枪声大作，炮声震天，喊杀声响彻了整个沙漠上空。漫天的灰尘，遮住了西沉的太阳。然而发起进攻的仅仅是两个坦克营，那铺天盖地的灰尘是由装着飞机发动机，安着螺旋桨的卡车缓缓地在沙漠上兜圈子搅起的。到了晚上19时，阵地上只剩下一个意大利坦克营了，德军的装甲营已经溜走，加入到主攻部队对英军进行迂回的战斗中去了。晚上20时30分，1万多辆战斗车辆开始向南运动。

隆美尔站在他的敞篷装甲车上，指挥着部队向南侧的沙漠挺进。皎洁的月光如水银般轻泻在荒凉的沙漠上，从汽油罐向外闪烁的火舌照亮了道路。他的左翼是拥有近300辆意大利坦克的第二十军，右翼则是非洲军和第九十轻装甲师。凌晨3点，隆美尔到达了靠近比尔哈希姆的第一道停留线上，这是一个离图卜鲁克下方40公里的沙漠前哨。这意味着他们已经成功地迂回绕过了英军的防线，而且没有遇到抵抗。

拂晓，德军从南线向英军发起了猛烈的进攻。这次，德军遇到了顽强的抵抗。第一天战斗结束时，隆美尔仅仅推进到比尔拉发。他已经损失了三分

之一的坦克，第十五装甲师的燃料已用光，弹药已耗尽。不是隆美尔大胆地撕开了加扎拉防线，而是他的部队真正陷入了重围。战场上，英军同德军展开了混战。战场上到处是燃烧的坦克、车辆。尘土蔽住了太阳，德国的空军想支援隆美尔，但却搞不清他们的前沿阵地在哪里，德军的俯冲轰炸机常常错误地呼啸在德军坦克和大炮的上空，并用炸弹向他们进行夹击轰炸。

1942年5月28日，指挥官克鲁威尔中将，坐着斯托奇飞机到前线视察。飞机飞得很低，在英军的一个战术据点，一名英军中尉用机枪发射了一排子弹，竟击中了飞机，克鲁威尔意外地成了英军的俘虏。

5月31日，隆美尔的两位主要助手作战部长威斯特法尔和参谋长都受了重伤。激烈的战斗在沙漠大地上一直持续着。6月1日，得到补给的非洲军决定向整个战线最南端的战术据点——比尔哈希姆开刀。只有拿下比尔哈希姆，隆美尔才能站稳阵脚，赢得主动权。守卫比尔哈希姆要塞的是自由法国第一旅。这是戴高乐将军的最精锐部队。

1940年法国面临灭亡危机，戴高乐将军毅然在伦敦举起了反法西斯的大

正在进攻的坦克和士兵（模拟场景）

第 二 次
世界大战
非洲与地
中海战事

旗，成立了"自由法国"，招募军队。自由法国第一旅是戴高乐将军创建的第一支反法西斯军队。

驻防比尔哈希姆的自由法国第一旅共有4000人，指挥官是比尔·柯宁上校。战斗于1942年5月30日黎明打响。德军开始对比尔哈希姆进行了长达两小时的轰击，空中布满了硝烟，酷热使人难以忍受。炮击过后，隆美尔的军队发起了集团冲锋，坦克一次又一次地猛扑法军阵地。法国士兵们以宽阔的地雷场为屏障，顽强地坚守着阵地，多次打退了德军的进攻。

隆美尔看到冲锋失败，决定用空军对比尔哈希姆进行轰炸，先摧毁法军的工事，迫使法军投降。从6月1日起，德国法西斯的飞机一批接一批像冰雹似的向比尔哈希姆倾泻炸弹。要塞的壕沟和墙壁坍陷了下去，许多士兵被活活地埋在了地下。但是比尔哈希姆仍然屹立着，由于水管被炸断，要塞内几乎已有数天找不到水，阵地上死去的战友的尸体已经发出了令人难以忍受的恶臭，然而，这些英勇的反法西斯战士没有任何退却的迹象。为了对付德军的轰炸，英国空军少将坎宁安也把英军"西部沙漠"的战斗机、战斗轰炸机相继调来对付德国的空军，但终因寡不敌众，起不了很大的作用。

隆美尔知道，不拿下比尔哈希姆，他就无法冲向海岸，包围图卜鲁克。于是，他不断地要求空军进行更猛烈的轰炸。

空军指挥官冯·瓦尔道的飞机天天呼啸在要塞的上空，至6月9日，在比尔哈希姆投入支援地面部队作战的飞机达到了1000多架次。

6月9日，法军的重炮阵地被摧毁。6月10日，德军还从希腊和克里特岛调来了几个轰炸机大队参加了对比尔哈希姆的轰炸。至6月11日，要塞里已断水三天了，法军伤亡惨重。隆美尔从北线抽出主力部队，在200多架飞机的掩护下，冲进了要塞。法国守军除了千余人突围外，2700人走进了德国战俘营。比尔哈希姆的攻占使图卜鲁克大门洞开，并使隆美尔得以腾出兵力对付加扎拉防线了。同时，比尔哈希姆的失守也使英军大为动摇。防守加扎拉战线的英国第五十师和第一南非师于14日清晨撤出了加扎拉防线。6月17日，隆美尔的部队重新占领了锡迪·雷日弗机场，紧紧地包围了图卜鲁克。

大漠决斗

第二次世界大战非洲与地中海战事

阿拉曼之战

　　1942年7月，德意联军自利比亚突入埃及，进抵距开罗只有350公里的阿拉曼地区。与此同时，英国在美国的支援下不断加强其在北非的军事力量，积极备战。经过周密的准备，英军第八集团军司令蒙哥马利于10月下旬发动反攻，在突破德意军的防御地域后，迅速向西挺进。最后，配合在北非登陆的英美联军，将德意军全部逐出北非。

蒙哥马利
首挫非洲军团

　　1942年7月，德、意非洲集团军进攻英阿拉曼防线失败，局势进入了僵持阶段，隆美尔只得电告德国最高统帅部说准备放弃攻势。但是，急于攻下阿拉曼防线并趁势扭转局面的希特勒，是决不甘心放弃的，他命令继续准备进攻尼罗河三角洲。意大利统帅部也请求隆美尔无论如何不要撤退。

　　在第二次世界大战中，隆美尔是个传奇式的人物，他审时度势，深知战局对他不利。但面对各方的压力，隆美尔只好不顾部队疲惫、补给不足，以及缺乏燃料的恶劣状况，在整顿后，决定再次进攻英军阿拉曼防线，突破苏伊士运河。

　　他认为，不趁着现在双方兵力尚处于均衡态势的情况下奋力追击，恐怕将会丢掉向尼罗河三角洲进军的最佳时机了。他不想冒这个风险，宁愿现在出击。阿拉曼防线北濒地中海、向南延伸64公里至卡塔腊洼地的盐碱滩。由于该防线地势复杂，防守严密，没有装甲部队可迂回的开阔翼侧，无法从正面进攻，可以说易守难攻。

　　隆美尔认为，他不能给英军更多的喘息时间，他要进攻，遂决定以哈勒法山为突破口，在该地以东挥戈北上，再朝哈马姆方向进逼海岸。

　　之后，席卷英军阵地，击溃英军第八集团军，突破阿拉曼防线，前出至苏伊士运河地区，扭转时局为夺取埃及铺平道路。

　　隆美尔的计划是大胆而新颖的，以德军第一六四师和意军两个师对阿拉曼防线北部的英军第三十军实施牵制性进攻。然后，以德军第九十轻型装甲师、第十五和第二十一装甲师、意军摩托化军、"富尔戈雷"师及侦察大

队，向防守战线最南端希迈马特的英军第十三军实施主攻。

　　该地段是一个防御的薄弱点，阵地前仅由雷区加以封锁。经过认真分析局势后，隆美尔开始了他的进攻计划。他的作战意图是，从南端突破英军防线，部分兵力向东推进32公里到达左侧的哈勒法山山脊，尔后迂回山脊，对英军主力实施包围与进攻。

　　与此同时，部分兵力向北直插海岸，再向东突击，切断英军补给线，迫其原地抵抗，或向西逃脱放弃埃及。隆美尔的精密策划可以说是天衣无缝，但他却不知道等待他的将是英军给他布下的天罗地网。

　　隆美尔现在的对手是丘吉尔刚刚从第一集团军调到北非第八集团军的蒙哥马利。蒙哥马利生于1887年11月17日，早年毕业于桑赫斯特皇家军事学院，参加了第一次世界大战。第二次世界大战初期任步兵第三师师长，参加了法国、比利时作战。英军从敦刻尔克撤退后，在英国本土任第五军和第十二军军长，后任东南军区司令。

　　蒙哥马利到北非后，根据"超级机密"提供的可靠情报，对德、意军的作战部署了如指掌，并开始策划应战，他决定以重兵防守战线南端及哈勒法山地。此时英军防御兵力为8个师。北面由第九澳大利师重兵扼守特勒埃萨突出部，第一南非师把守第九澳大利亚师和鲁瓦伊萨特岭之间的地区，第五印度旅据守鲁瓦伊萨特岭，岭南的第二新西兰师则在代尔穆纳西卜高地上担负正西和西南方向的防守任务，第四十四师和第二十二装甲旅据守哈勒法山，第七装甲师配置在东南面，隐蔽待命。将士们精神抖擞，随时准备奋勇杀敌。

　　此外，英军还布设了六个相互连贯的布雷区，构筑了坚固的炮兵阵地。

　　英军各步兵师装备有威力强大的新式反坦克炮。部署在阵地前沿的713辆坦克中，其中有164辆是装备有75毫米炮的性能优良的美制坦克。此时双方的力量对比是英军占有绝对优势：英军坦克比德意军多五分之一，飞机的比例则是5：1。仅8月份，英军得到的补给是轴心国军队的10倍。

　　总之，英军的装备与作战人员素质已超过入非作战以来的任何时候，而

德、意军无论是人员还是装备补给均已处于最低点，形势对德军非常严峻。

1942年8月30日晚23时，德、意军开始向英军防线南端的要塞发起进攻，打响了哈勒法山之战。

英军的大纵深密集布雷区和空军的猛烈轰炸，炮声震耳欲聋，令大地为之动摇，炮火像暴雨一样倾泻到德意部队的阵地上，使德、意军大受挫折，非洲军团掉入死亡陷阱。

第二十一装甲师师长俾斯麦将军阵亡，非洲军军长内林将军身负重伤。31日黎明时，先头部队只越过布雷区12公里。隆美尔很清楚自己所面临的不利形势，上午8时零5分，被迫停止战斗。

半小时后，鉴于德军两个装甲师已突破雷区，隆美尔重新调整部署，下令进攻，但计划仍没有奏效，再度改变策略，推迟向亚历山大和开罗进军，将哈勒法山作为目标，全部兵力提前北转，尽快横跨哈勒法山脊，以避开右翼英军第七装甲师的威胁。

于是，德、意军掉头直扑英军第二十二装甲旅的防守地段。蒙哥马利迅速派出第二十三装甲旅对保护布雷区的

第八集团军司令官蒙哥马利（雕像）

新西兰师和哈勒法山脊的第二十二装甲部队旅实施增援。真是雪中送炭，经过协同作战，至中午，德非洲军装甲部队主力伤亡重大，未能推进一步。

这时，战场上刮起风暴，顿时乌烟瘴气，分不清天与地的界限，遮蔽了非洲军部队，英国空军只得停止轰炸。

下午16时，德军进至山脊最有利的据点132高地对面。在轰炸机的配合下，集结在高地的英军坦克和火炮立即向德军开火。

9月1日拂晓，德军第十五装甲师企图包围英军第二十二装甲旅，遭遏制，被迫撤退。下午经整顿后又重新发起进攻，再次被隐蔽在工事内的英第十装甲师的坦克击败。蒙哥马利集中兵力，收紧包围圈。

天黑前，德军曾三次试图突围，均没有得逞。

激战持续至9月2日上午，德军损失惨重。在面临弹药短缺，坦克和车辆所剩燃料严重不足，同时未能前进一步的情况下，隆美尔被迫放弃进攻，于夜间命令其装甲部队逐步撤至8月30日的出发阵地。

哈勒法山之战以德意军失败告终。

在该战中，德、意军损失近3000人，其中死570人、伤1800人；损失坦克50辆、野战炮15门、反坦克炮35门、卡车400辆。而英军损失1751人、坦克68辆、反坦克炮18门。

从此，隆美尔军队进至尼罗河一线的最后希望破灭。他们完全丧失了主动权，再无力发动攻势。这就注定他们在下一战——阿拉曼战役中的失败。

经过哈勒法山一战之后，英军士气大振。这是他们进入北非作战以来第一次赢得如此辉煌的胜利。此时的英军并没有因这一次战役的胜利而沾沾自喜，而是总结出该战的经验，为下一步阿拉曼战役的胜利做准备。

在此战役中集团军各部队之间协调一致，陆军和空军配合默契，使协同达到了心有灵犀的境界。尤其是英国皇家空军，发挥了高超的战略战术，完全掌握了制空权，不断猛烈攻击德、意部队，将其死死挤在布雷阵内，成为飞机轰炸的目标，丝毫没有逃脱的机会。

此外"超级机密"情报，以及在该战中运用的假情报、欺骗战术，也发

挥了不容忽视的作用。这种欺骗战术被第八集团军司令蒙哥马利继续灵活运用于阿拉曼战役。

在哈勒法山一战中惨败的隆美尔率部退至阿拉曼以西卡塔腊洼地的防线。防线正面宽60公里，纵深15公里至20公里，北濒地中海，南靠坦克无法通过的卡塔腊洼地，两翼不受威胁。

此时，德意军经过长时间的沙漠地连续作战，体力、兵员、装备消耗均已达到极限，而且得不到及时的补充，战斗力急剧下降。

在"超级机密"情报的帮助下，英国空军对意大利补给船队和北非港口实施了有力而准确的打击，给轴心国的后勤补给计划带来严重的影响。

轴心国越来越清楚地认识到，没有夺取马耳他岛是一大失策。据隆美尔估算，在1942年前8个月，他只得到所需最低补给量的40％。

无论是从士兵的数量和兵器的质量上看，轴心国军队都处于明显劣势。首先表现在装甲车、坦克等机动作战力量方面。

1942年7月以来，英国第八集团军补充了大批装甲力量，组成精锐的第十装甲军。德、意非洲集团军虽然也有少量补充，但大都是非摩托化兵力，甚至将两支空降部队代替地面作战力量补充进来。鉴于装甲兵的机动性和攻击力适合于沙漠作战，加上沙漠作战的特殊性，轴心国军队补充的这些兵力几乎毫无价值。

其次是空中力量对比。英军掌握绝对制空权，而且在配合步兵地面作战方面已积累了相当重要的经验。最后一点，即轴心国军队一直油料补给不足。在几次作战、追击行动中，德意军均由于缺乏油料而中途退出战斗，半途而废，所取得的成功也毁于一旦。自他们突入埃及以来，补给线越拉越长，图卜鲁克的供应远远不能满足需要；轴心国运输船队不断遭到盟军的空中和海上打击，往往未到北非港口便沉入海底，使燃料严重短缺的隆美尔雪上加霜。

沙漠战中，没有油料足以置人于死地。作战开始之前，隆美尔仅剩四天的油料，弹药仅够用九天。油料的严重短缺，使隆美尔不敢再打他擅长的机动战，被迫改变作战方案。坦克在根本无法隐蔽的地段上作战，很容易成为

英军飞机攻击的目标。

鉴于种种不利因素，隆美尔决定打一场阵地战，利用步兵坚守防线，不惜任何代价，阻止英军的突破。一旦英军突入防线，立即采取反击手段将其消灭，以避免英军扩大突破口，造成不可挽回的局面。

为此，隆美尔沿整个防线建立了8～13公里宽的防御体系。首先让部队占据坚固阵地，阵地最前沿设置了大面积布雷区。

第一道雷区纵深约以900至1800米，其后是无人地带，仅配置少数前哨加以监视；最后1800米处是主防线，由德、意军步兵重兵防守，配备高爆炸弹、火炮和反坦克炮；主防线之后配置装甲部队。

整个布雷区威胁最大的是北部雷区，纵深达4500至8200米，共用了50万枚地雷。其中交杂设置着拥有相当兵力的"防御点"，被称为"魔鬼的花园"。和北面雷区相比，南部雷区虽不庞大，由于它地处十分有利的位置，也不可忽视。

德意非洲集团军拥有4个德国师、8个意大利师，其中包括4个装甲师和2个摩托化师。装备坦克489辆、火炮1219门、飞机675架，总计兵力约10万人。

经过精密部署后，兵力的调配产生了一些变化。德、意军混合编成的6个步兵师坚守主防线，德军装甲部队主力第二十一装甲师和第十五装甲师各率一个意大利师，分别防守战线南、北两端，德军第九十轻装师作为预备队配置在北段后方海岸附近。

但意大利部队装备低劣，士气消沉。为了改善这一局面，隆美尔作了一个重要调整，他将德、意军混合编制，交叉部署，虽在一定程度上取得了预期效果，但同时也妨碍了隆美尔在危急关头对德军部队的集中使用。

英军实施
"捷足计划"

　　英国第八集团军辖3个军，共11个师又6个独立旅，其中包括4个装甲师和2个装甲旅；装备坦克1200辆、火炮2311门、飞机750架，总兵力达19.5万人。

　　英军的作战企图是：

　　　　突破德意军的防御地域后，迅速向西挺进，占领昔兰尼加和的黎波里塔尼亚全境，配合即将在法属北非登陆的美英联军，将德意军全部逐出北非。

　　蒙哥马利的作战计划是分三路同时出击。第三十军，辖澳大利亚第九步兵师、苏格兰第五十一步兵师、新西兰第二步兵师和南非第一步兵师在北面担负主攻任务，负责突破德、意军防线中央以北的防御。在雷区打通两条通路，一条通往腰子岭，一条越过米泰里亚岭。

　　之后，第十军的装甲部队通过通路，在战线另一边的开阔地带占据阵地，准备迎战德军装甲部队的反击。

　　第十三军，辖第七装甲师和第四十四、第五十步兵师在南面实施佯攻，吸引隆美尔的注意力，分两路出击：一路在耶伯尔卡拉赫和卡雷特哈迪姆以东；另一路在更南面，向希迈马特和塔卡实施攻击，诱使隆美尔相信英军主攻方向在南面，因而在那里保持强大的装甲部队。

　　在牵制德军装甲兵的同时，第八集团军将首先对其步兵实施粉碎性打

击，然后再以密集装甲群奋力追击德国非洲军的残余部队，并将其彻底消灭。

这是蒙哥马利的一种新式沙漠地作战战术，足以看出他是一名优秀的指挥官。他并没有采取过去的先以密集的装甲群歼灭敌装甲部队，继而再扑向暴露的步兵的战法，而是首先歼灭德军非装甲部队，同时将德军装甲部队隔开，不让他们前往接应。

这一大胆的不合常规的战术引起英军装甲师及步兵指挥官的反对，但是，蒙哥马利力排众议，坚持了自己的想法。

他断定，只要从翼侧和后方对扼守阵地的德军非装甲部队进行夹攻，采用"粉碎性"打击予以消灭，隆美尔的装甲部队就无法守住夺来的地盘。在这种情况下，隆美尔会由于补给不足而始终处于岌岌可危的境地，撤退是他的唯一出路。

为保障战役成功，蒙哥马利的进攻计划以诈敌计划和作战计划两项内容作为基础。

首先，对轴心国军队实施欺骗战术，使之相信英军的主攻方向在南部，这是至关重要的一步；然后，运用强大的火力优势，对北部防线实施大规模进攻。

诈敌计划要达到尽可能长久地隐蔽英军发动攻势的意图；如没有成功，则要使德军无法确定进攻日期和主攻地带，具体做法是在北部掩盖英军的真正意图和实际行动，而在南部则要有意识地显示英军正在活动的假象，以诱使德意军在南面集中兵力。

英军在阿拉曼防线南端的后方一带，布置了假辎重卡车和假弹药库，铺设了长达32公里的假输油管，并且故意迟迟不竣工，以给德方造成一种英军最迟至11月以后才发动进攻的假象。电台使用也日益频繁。诈敌计划简直完美的无懈可击。

在其正发起进攻地段的北部，作战运输工具和火炮都乘夜暗运入并仔细加以伪装。成百辆坦克隐藏在各种模拟车辆下面，卡车停在火炮阵地上。停

放在后方的坦克和火炮运到前沿后，空出来的地方也放置了伪装物。

1942年9月下旬，在沙漠的广阔地带上，步兵出击前使用的前沿狭长堑壕已于夜间挖成并伪装起来。

开战日定在月盈之夜的10月23日。英军可借助月光安全有效地排除地雷，在德意防线上尽快打开缺口，开辟雷区通道。整个作战计划的代号为"捷足"。

1942年10月23日21时40分，英军1200门火炮对德意军整个阵地进行了猛烈袭击，最后集中在北部地区又狂轰滥炸了10分钟。

不久，德意军的通信网被破坏，其司令部顿时与外界隔绝。在英军强大火力的压制下，意军第六十二步兵团的部分兵力擅自离开防线，纷纷后撤。

22时，英军第三十军在战线北部开始进攻。与此同时，英军在南部发起攻击，牵制德军主要装甲部队。第三十军所属第九澳大利亚师和第五十一苏格兰师投入战斗后，准备打通一条穿过布雷区的通路。在其南侧，新西兰师和南非师也投入进攻，以开辟一条南部通路。

同时，第四印度师从鲁瓦伊萨特岭上具有威胁性的突出阵地展开攻势，很快楔入德军阵地。在英军战线北端，两个澳大利亚旅于特勒埃萨和地中海之间发起牵制性进攻。各路人马源源不断地向前推进，穷追猛打。

24日凌晨1时，英军越过德军前哨线，突入其主防线，突破口宽度在9.6公里以上。至凌晨5时30分，第三十军一半部队已达预定目标，并打通两条重要的雷区通路。第三十军各师和第十军所属第一、第十装甲师尾随于步兵之后，分别开入北通路和南通路，攻势日渐凶猛。

由于雷区纵深大，英军先头步兵部队和坦克在通路遭到越来越猛烈的炮火袭击，处于进退两难的境地。

在这危急时刻，英军并没有乱了阵脚。

24日下午，苏格兰步兵师和第一装甲师重新发起进攻，杀开通路冲出了布雷区，新西兰师的第九装甲旅也越过了米泰里亚岭。但在其南侧进攻的第十装甲师遭到德意军的顽强阻击，经过一夜的激战，仍无结果，直至次日清

晨也无法推进。

　　英军坦克被迫停留在米泰里亚岭背后，在最大射程上与德意军交火，他们随时都可能被行动缓慢的步兵堵塞在后面，陷在狭窄通道内无法行动。尽管在这样危难的情形下，英军还是击退了德军第十五装甲师的多次小规模反击。

　　至傍晚，德军第十五装甲师只剩下四分之一的坦克能投入战斗。

　　第十三军在南面的辅助进攻也不顺利，所属第七装甲师和第四十四师都未能通过希迈马特北面的布雷区，被迫停滞在主阵地前。

　　在各布雷区之间，第十三军所属步兵按照蒙哥马利的"粉碎性"战术展

进行中的坦克部队 ❯

开血战，厮杀未曾间断，但仍没有奏效。

为保存第七装甲师实力，蒙哥马利命令南部放弃进攻，北部仍按原计划继续强攻。

25日夜，在炮兵和轰炸机的强大火力支援下，英军不间断地向德意军实施突击。午夜时分，英军攻克了北部的重要据点——第二十八号高地。接着，在此地集中兵力准备继续进攻，以便扩展他们在雷阵以西的桥头阵地。

在此期间，临时接替隆美尔任非洲集团军代理司令的坦克专家施登姆将军，在战役开始后不到一天便死于心脏病猝发，司令部一度陷入瘫痪。

9月23日回国治病的隆美尔应希特勒的要求，于10月25日晚匆匆返回阿拉曼前线指挥作战。

他放弃以步兵固守阵地的原计划，命令第十五装甲师和一个意军师于26日清晨向第二十八号高地发起反击。在英军的不屈不挠地抵抗下，德军进展迟缓。

入夜，意军一个营占领高地的东西两面。但高地本身仍控制在英军手中，成为一个重要的作战依托地。

此后，隆美尔动用了预备队第九十轻装师，并于26日夜调遣南段第二十一装甲师率部分意军和炮兵前去增援北段。他很清楚地意识到由于缺乏燃料，一旦英军再进攻南部，第二十一装甲师就无法重新返回，有全军覆没的可能。然而，德军当务之急是尽一切力量顶住英军在北部的进攻，隆美尔只有孤注一掷。

27日上午，他命令各部队尽量利用一切可以使用的火炮，阻滞英军的攻击，看来这并不是一件容易的事。接着，德军装甲兵对英军发动一系列进攻，都未能取得成功。

经过三天激战，英军损失较大，6000人伤亡，损失300辆坦克。

这时蒙哥马利"开始意识到必须谨慎行事"。他决定在10月27日和28日暂停大规模进攻，重新调整部署：

056

第三十军和第十军进行休整，增补人员和装备；将南线第七装甲师调往北部战线，准备同澳大利亚师共同沿海岸公路一线发动决定性进攻；腰子岭和米泰里亚岭则转入防御，由第十三军防守；新西兰师改作预备队。

28日，隆美尔发现英军在第二道雷区前集结大量装甲兵力，预料一场决定性战斗正在酝酿之中，于是，将南段剩余的德军和重武器全部调往北面。英军侦察机发现了德军的集结行动。

28日中午，英国空军出动轰炸机，对德意军的集结部队进行狂轰滥炸，粉碎了隆美尔第二次反攻企图。这次失败成为阿拉曼之战的转折点，隆美尔已经没有足够兵力进行反攻了。

至29日，德军已全部集结在战线北部，南部仅剩意军防守。这样，精锐的德军便不再和意军交叉部署了。

据此，蒙哥马利及时改变计划，决定先在德、意两军的接合部给意军以致命打击，然后在左翼重创德军，作战代号是"增压"。

隆美尔占据
马雷斯防线

"增压"计划规定，澳大利亚师要在1942年10月30日夜至31日凌晨之前向北猛攻，到达海边，把德意军的注意力引向北面。

然后，在10月31日夜到11月1日凌晨前，在北通路北面，以新西兰师为主，在第九装甲旅和两个步兵旅增援下，向意军展开强大攻势，打开一缺口，好让第十装甲军可以顺利通过缺口。

其作战目的是：

一是消灭德意装甲部队；二是迫使德意军在开阔地带与英军进行决战，从而使之在持续不断的运动中消耗汽油；三是切断其补给线，阻止其补给勤务部队活动；四是迫使德意军放弃前沿着陆场和机场；五是最后瓦解整个德意军。

澳大利亚师在向海岸的推进中遭到顽强抵抗，进展十分困难，未能一直攻到海边。但却在德意军的多次凶猛的反突击中守住了阵地，同时夺得了公路和铁路沿线的许多阵地，俘获500名俘虏。

在此期间，英军加紧"增压"作战计划的准备工作。由于新西兰师同其增援部队尚未取得协调，蒙哥马利于10月31日6时30分将"增压"作战的总攻时间推迟一天，改为11月2日凌晨1时。

1942年11月2日凌晨1时，"增压"行动开始。

300余门火炮同时轰击德意军主阵地长达3个小时，主阵地瞬间变为废

墟。接着新西兰师在烟幕掩护下，开始向意军防线发起进攻，首先攻击的目标是第二十八号高地两侧的第二〇〇步兵团。英军很快突入阵地，跟随坦克和装甲车向西挺进。

到底是"沙漠之狐"，隆美尔正确地估计到英军将向海岸进击，当机立断做了相应的部署。佢他万万没有想到，英军会突然改变作战方向，攻打德、意军接合部，这一击使他措手不及。

经过激战，隆美尔只得把第九十轻装师预备队投入战斗，才阻止住英军前进。英军遂在已突入的阵地上不断增加兵力。英军第一五一旅和第一五二旅在第二十三装甲旅的支援下，在规定时间内打开一条长达3600米的通道。

装甲部队前锋第九装甲旅紧随其后，以便赶在日出之前进抵前方1800米处的德军炮兵屏障前，为下一步进攻做好准备。接着，第十军装甲部队迅猛出击，进入突破口向纵深发展。

不久，大批英军突破了第二十八号高地西南面德军第十五装甲师的防线。新西兰步兵和强大的装甲群向西挺进，击溃一个意大利团和一个德国装甲兵营，并给德军后勤补给系统猛烈攻击。

2日上午，德意军残存部队发动反击，并设法堵住已被撕开4公里宽的缺口，随后展开了一场整个战役中最激烈、最壮观的坦克战。越来越多的德军和意军坦克在大炮和反坦克炮支援下投入战斗，成群的坦克如潮水般肆意泛滥。英军炮兵和沙漠航空队轰炸机进行了有力的反击。双方都有不同程度的伤亡。

经过两小时激烈战斗，德意军的反击失败。北部战线的严峻局势，迫使隆美尔调集南部意大利"艾里特"装甲师和炮兵部队的大部兵力向北增援。于是，整个南段防线缩短。

下午，隆美尔运用全部残存坦克，对英军进攻部队的两翼实施反突击。由于缺乏空中掩护，在英国空军的袭击下，德军损失惨重，大部分坦克被击毁，有生力量只剩下三分之一，坦克只剩35辆。

一天之内，德意军消耗弹药450吨，得到的补充只有190吨，不仅是供不

及需，而且还由驱逐舰卸在远约500公里以外的图卜鲁克港。

当晚，隆美尔获悉英军正在把第二线的装甲部队全部集中在突破口，全力准备作最后的攻击。由于对抵抗完全失去了信心，隆美尔遂决定将部队后撤到阿拉曼以西96公里处的富卡，以免全军覆灭。南线兵力撤回到8月底所占阵地，第九十轻装师、非洲军和意军第十军也开始缓慢西撤。与此同时，隆美尔向希特勒报告了撤退情况。

11月3日中午13时30分，希特勒发来电报，制止非洲集团军后撤，要求他们"不成功便成仁"。在希特勒的强制命令下，德意军不得不停止西撤行动重新部署防线，准备同英军决一死战。

11月4日晨，德国非洲军同第九十轻装师会合，在特尔曼斯拉构成一道薄弱的环形防线，一直延伸至铁路线以南约16公里处，与意大利第二十装甲军残部连接在一起。南段防线由意军一个师、一个伞兵旅和第十军部队负责防守。

上午8时，经过一小时的炮火准备后，英军对德、意军防线发起最后进攻，一举攻破特尔曼斯拉防线，并俘虏非洲军军长冯·托马。意军第二十装甲军也于黄昏时分全军覆没。

其间，英军第十三军部队突破南段意军防线，至4日已前进8公里，使德、意军的滨海集团面临被包围的威胁。同日，英军装甲部队抵达其最终目标——战线后方的开阔地。迫于局势，隆美尔于4日下午15时30分断然下令撤退。这样隆美尔率领其部队开始了艰难的撤退，德军将4个意大利师的淡水储备和汽车全部带走。

第二天早晨，接到希特勒同意撤退的命令，但为时已晚，富卡防线已无法据守，德军只得继续向西撤去。

从11月5日起，英国第八集团军开始展开了对隆美尔军队的追击行动，中午便抵达富卡与德军展开激战。隆美尔原打算在富卡稍做停留，以便等待随后跟进的步兵，可是不久，英军一支强大的迂回纵队迅速向德军的南面侧翼挺进。隆美尔担心被包围，深思熟虑后，当晚便撤向马特鲁。

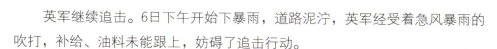

  英军继续追击。6日下午开始下暴雨，道路泥泞，英军经受着急风暴雨的吹打，补给、油料未能跟上，妨碍了追击行动。

  7日一整天，英军三个装甲师均未能继续前进。翌日清晨，英军巡逻队进入马特鲁港后，发现隆美尔已于夜间离开，向西撤往萨卢姆。这样，从1942年11月5日起，英军一路追击退却之德意军，一路收复了埃及、利比亚失地。

  11月10日，英军占领西迪拜拉尼，第二天占领萨卢姆和拜尔迪耶，20日占领班加西，直至1943年1月23日占领利比亚首都的黎波里，迫使轴心国军队退至利比亚-突尼斯边境。

  2月16日，隆美尔军队停止撤退，占据突尼斯马雷斯防线，准备在非洲做最后的殊死抵抗。

战火中的坦克

英军赢得
阿拉曼战役

阿拉曼之战对于交战双方来说都是一场决定性战役。轴心国部队如果突破英军在埃及的这最后一道防线，就可以长驱直抵苏伊士运河。

然而，德意军被图卜鲁克的胜利冲昏了头脑，决定放弃攻占马耳他岛的计划，继续向埃及进军，从而酿成战略决策上的大错。马耳他岛的存在，对轴心国的非洲补给线始终构成威胁，而希特勒重心放在东线，又不肯分兵隆美尔，结果导致德意军兵力兵器数量处于劣势，严重缺乏弹药、油料、粮食和饮水等。

应该说，面对强大的英军，隆美尔采取了相对正确的战术——打一场阵地战，尤其是大面积的布雷区，在战役初期有效地迟滞了英军的进攻。但是，这并没有挽回残局，隆美尔因补给不足，部队丧失机动和持续作战能力，最终被英军击败。轴心国夺取北非的企图也随之破灭。

面对严峻的北非战局，英军全力以赴，投入一切人力、物力抵抗德意军进攻，首先从物质上保障了战役的胜利。在整个战役过程中，英军充分发挥海、空军优势，制空权和制海权，阻挠、破坏并封锁了德军的后勤补给，同时保证了己方补给线畅通无阻。尤其是英军的空中优势起了决定性的作用。有时，轰炸机一天出击多达800架次，战斗机、战斗轰炸机和低空攻击机出击2500架次，空军近距离支援地面部队的作战技能也得到长足的进展。反之，德军的俯冲轰炸机一天最多出击60架次，战斗机最多100架次。

英军战斗车辆的作战性能也大大超过德军。如英军首次使用的美国M4型"谢尔曼"中型坦克，在战役中发挥了重要作用。由于在兵力兵器方面占据

赢得胜利的军队

优势，英军可以在主攻方向上集中绝对优势的兵器支援步兵作战，数以千计的火炮攻击和强大的轰炸机波的空中攻击，使步兵能较顺利地突破和攻占德军的防御阵地。此外，英军在作战中采取的欺骗措施和"超级机密"提供的可靠情报，也保证了战役的胜利。

阿拉曼战役大大削弱了德意非洲集团军实力。隆美尔率残部逃离阿拉曼时，仅剩36辆坦克，而意大利的4个师全部被歼。德意军共计死亡20000人，被俘30000多人，损失火炮1000多门、坦克450辆。英国第八集团军伤亡13500人，损失火炮100余门，坦克500辆。德意军在阿拉曼的失败，导致希特勒的钳形攻势的彻底破产，使德意丧失了非洲战场的战略主动权。英军按预定计划，将德意军逐出利比亚、埃及，取得了这场战役的全面胜利，它宣告了轴心国企图占领北非、建立地中海帝国愿望的破灭，对北非的形势，乃至整个地中海战区的形势，都产生了重大影响。

因此，阿拉曼战役成为第二次世界大战非洲战场的转折点。

大漠决斗

第二次世界大战非洲与地中海战事

突尼斯战役

　　1942年8月，美英首脑决定实施进攻北非的"火炬"行动计划，并任命艾森豪威尔将军为"火炬"行动的盟国远征军总司令。经过2年8个月的拉锯战，1943年5月13日，德、意军队相继向盟军投降，25万轴心国士兵被俘虏。这场战役的胜利，使盟军地中海航道畅通，为下一步通过西西里岛重返欧洲创造了条件。

盟军制订
"火炬"计划

在阿拉曼战役中，英军突击部队未能一鼓作气全歼德意部队，使大部分轴心国残余部队撤走，同数十万兵力共同退守突尼斯防线，负隅顽抗。

1942年8月14日，美英联合参谋长会议发布作战指令，正式任命艾森豪威尔将军为盟国远征军总司令，克拉克少将任副总司令，史密斯任参谋长。

九月下旬，美英两国参谋长联席会议在伦敦确定了实施"火炬"作战计划的细节，决定两国军队于11月8日在法属北非的阿尔及尔、奥兰和卡萨布兰卡实施登陆占领沿海主要港口，然后由阿尔及尔登陆部队向东抢占突尼斯，再待机与北非的英军协同作战，消灭在北非的德意部队。

在决定进攻时间方面，考虑到从初秋开始天气将不断恶化，而且还要在阿尔及利亚和摩洛哥的三个地点同时登陆，因此，盟军认为一切都要尽早地做好准备，不失时机地发动进攻，即便海、陆、空部队达不到所期望的实力也没有关系。

1942年9月22日，丘吉尔主持的、有艾森豪威尔参加的三军参谋长会议做出最后决定："火炬"行动发起日期定在11月8日。

基于最坏的打算，计划除了规定派遣大批部队在卡萨布兰卡和奥兰登陆以外，还规定从美国派遣一支战略轰炸机部队，袭击集结在西班牙基地的轴心国空军部队。此外，东部特混舰队的英国指挥官建议立即空降占领波尼、

艾森豪威尔将军（雕塑）

突尼斯和比塞大的机场，认为这是防止德军空运部队抢先抵达突尼斯的唯一办法。

但是，这个建议被计划制订人员拒绝了。他们倾向于夺取奥兰的大型机场，想以此作为抵抗轴心国军队通过西班牙进入北非的基地。结果，"火炬"计划开始后，德军空降部队抢先进入突尼斯，限制了盟军在非洲的进一步行动，同时也为盟军的迅速进攻带来了一定的困难。

为执行"火炬"计划，盟军动用了13个师，以及300艘战斗舰艇和370艘运输舰，编成东部、中部和西部三个特混舰队。

东部特混舰队，由英国皇家海军载运英军23000人、美军10000人，从英国出发前往阿尔及尔；中部特混舰队，在英国海军的支援下，从英国运

067

送39000名美军部队攻占奥兰；西部特混舰队，将直接从美国本土运送35000人，攻占卡萨布兰卡。夺取上述港口后，后续运输船队将源源不断地运送增援部队和补给品，直至战役完全结束为止。

根据统一指挥原则，盟军总司令艾森豪威尔将军负责指挥"火炬"作战的所有兵力。英国坎宁安海军上将任盟军海军总司令。战役的航空兵保障分别由英国东部空军司令部和西部空军司令部负责，共计1700架飞机。

首批登陆部队为6个加强师，约11万人。根据战役计划，上述兵力于11月8日凌晨在阿尔及尔、奥兰、卡萨布兰卡地区同时登陆。然后，从阿尔及尔上陆的英国第一集团军即直驱突尼斯，一定要抢在轴心国派兵增援之前，夺取整个法属北非。

北非登陆成功与否，不仅取决于盟军陆、海军的力量，在很大程度上还取决于驻守北非的法军将采取何种行动。

至1942年11月，法国维希政府驻北非军队拥有500架飞机和14个师20万人。别小看了这些部队兵力和装备，在训练有素的前提下足够给盟军以致命的打击。另外，在法国土伦和北非各港口还有法国舰队的大量兵力。一旦法军坚定立场在政治上保证独立，并且决心抵抗到底，他们就完全可能阻止盟军登陆。于是，美国积极采取政治攻势，争取让法军归附同盟国。罗斯福政府不顾公众压力，拒绝与维希政府断绝外交关系。美驻法国大使莱希海军上将的主要使命，是使法国反对德国控制法属北非的态度强硬起来。

在预定登陆开始之前两周，盟军副总司令克拉克少将乘潜艇前往北非，在阿尔及尔附近同美国领事馆总领事墨菲和亲同盟国的法国指挥官进行了秘密会晤。克拉克要求他们在战斗开始时尽力挫败任何抗登陆计划，确保登陆计划的顺利实施。

这些法国人的友好行动为盟军的登陆，特别是在阿尔及尔的登陆创造了一定条件，这次秘密会晤是成功的。登陆前夕，盟军还把法国著名的高级军官吉罗将军接到直布罗陀，准备利用他的威望号召北非法军与盟军合作。然而，预先争取那些操纵海岸炮的法国海军人员的工作却没有成功。

英美占领
阿尔及利亚

根据作战计划，1942年10月22日、26日，东部、中部特混舰队分别自英国起航。

11月5日晚，两支舰队同时通过直布罗陀海峡，先向东航进，进入地中海。意大利海军司令部发现了同盟国的这一大规模运输行动，并判断盟军的目标必定是阿尔及利亚。

但德国人否定了意大利人的判断。

在这个判断上，两国产生了分歧，也预示着同盟军大规模运输行动的成功。

在不敢断定的情况下，希特勒下令加强地中海的军事力量，并通知西线总司令龙德施泰特做好执行占领法国南部的"阿提拉"计划的准备工作。

于是，轴心国的潜艇、水面舰艇和飞机都集中在西西里海峡，而对同盟国的运输舰队没有采取任何进攻行动。

东进的盟军舰队于7日晚驶至预定登陆地域北部时，趁夜突然转向南航行，直扑登陆地点，从而达成战役的突然性局势。

东部特混舰队33000人在英国皇家海军少将哈罗德·巴勒的指挥下，于8日凌晨1时开始在阿尔及尔及其东西两面，将英美部队送上岸。

担任登陆部队指挥官的是美国查尔斯·赖德少将。在西面，英军顺利占领滩头；在东面，载运美军的船只被意外的浪潮冲离海岸数公里，在黑暗中造成了一些混乱。但天亮后，也很快控制了局势。

由于美国人事先做了安排，盟军登陆时只有法军象征性抵抗。他们上陆

后迅速向内陆目标推进。许多法国部队，包括两个重要机场的守卫部队，都不加抵抗缴械投降。

与此同时，两艘英国驱逐舰"布罗克"号和"马尔科姆"号悬挂美国国旗，载着一个营的美国步兵，试图夺取阿尔及尔港口，却遭到法军的猛烈抵抗。

最初，在黑暗和陌生的水域中，驱逐舰没能顺利找到通往港口的狭窄入口，后来，这两艘驱逐舰刚一驶近入口，就遭到猛烈的炮轰。

"马尔科姆"号受重创后撤出战斗，而"布罗克"号也经过4次的奋力拼搏，才冲过交叉火网，靠上码头。将运载的部队送上岸。在火炮的轰击下，"布罗克"号受创后设法撤离，同时登陆部队则遭到火力压制，陷入法军的包围之中暂时进入了僵持状态。

11月8日18时40分，法军下达了一道口头停战命令。20时，美军正式接管了阿尔及尔。两天后，达尔朗在贝当元帅的秘密认可下，向北非的所有法军下达了停火命令。

中部特混舰队39000人由英国皇家海军准将托马斯·特鲁布里奇指挥，于8日凌晨1时30分，在奥兰以东的阿尔泽湾和西面的安达鲁斯实施登陆。

➡ 特混舰队

登陆部队为美军，指挥官是美军弗雷登德尔少将。英国陆军没有参加在奥兰的登陆作战，原因是英国曾在1940年7月对奥兰附近的米尔斯克比尔的法国舰队实施过攻击，曾极大地激怒过法国人。

为保证这次登陆成功，盟军司令部调派了当时美军中训练最有素的部队——第一步兵师全部和第一装甲师的一半兵力。

登陆兵出其不意地登上海滩，并顺利向预定目标前进，完好无损地缴获了法国的4艘小型舰艇和13架装满燃料和鱼雷的水上飞机。阿尔泽港的守军只进行了一些零星无效的抵抗。

在奥兰以西登陆的部队也未遇到抵抗，顺利上岸为主攻赢得了时间。这些装甲部队抢在主攻开始之前，占领了一个重要的机场和一个至关重要的公路交叉点。

然而，不容乐观的是，美军在向奥兰城和港口实施正面突击的过程中，遭到法军的猛烈抵抗。为攻占奥兰港，两艘英国快艇"华尔纳"号和"哈兰特"号载着400名美军突击队员，在海滩实施首次突击后的两小时突入奥兰港，遭到港口守备部队的

抗击，处于孤立无援的境地。

正在这危难之际，"华尔纳"号一马当先，强行通过一条封锁港口入口的铁索链，再度遭到两艘法国驱逐舰和一艘鱼雷艇的近距离射击。

"华尔纳"号中弹爆炸沉没，艇上70％的艇员和搭载的部队也随艇沉没。尾随其后的"哈兰特"号在企图绕过码头时，受到一艘法国驱逐舰的炮击。快艇动力系统失灵，爆炸起火，艇上一半人伤亡。最后，乘员弃艇，全部幸存者被俘。

在此次突击中，美军损失惨重。

上午9时前后，美军按计划从各滩头堡开始向奥兰城进军。但是，来自阿尔泽和安达鲁斯的两支实施向北攻击的美军步兵，在逼近奥兰时遇到抵抗，前进受阻。战斗持续到10日晨。

此时，法军已获悉双方在阿尔及尔进行停战谈判，抵抗意志受到严重动摇。美军装甲部队乘隙兵分三路对奥兰城发动最后攻势，步兵从东、西两面进攻，两支轻装甲纵队从南面直驱城区内。到至中午，法军宣布投降。在东部和中部舰队取得成功后，西部特混舰队也开始了它的航程。

美国海军少将休伊特指挥的西部特混舰队全部由美国海、陆军组成。该舰队自10月23日起，分批自美国本土汉普顿起航。为欺骗轴心国，北路突击舰群和南路突击舰群向南航行，次日，中路突击舰群也离开锚地，向东北航行，假装驶往英国，航渡中各舰群依次会合，频繁改变航向，以减小目标迷惑对方取得一定的成果。

至11月7日，南路突击舰群调头南下，直取萨菲港，准备从这里输送6500名部队和90辆中、轻型坦克登陆，以便从南面逼近卡萨布兰卡；中路突击舰群前往费达拉港，准备在此处输送19500名部队和77辆轻型坦克登陆，向北面突击卡萨布兰卡；北路突击舰群驶向麦赫迪耶，输送9000名部队和65辆轻型坦克登陆，以夺取利奥特港附近的飞机场。

为了同时支援三个地方的登陆，航空母舰支援群分为三组：一艘护航航空母舰前往萨菲，两艘护航航空母舰前往麦赫迪耶，一艘航空母舰和一艘护

航航空母舰驶往彼此相距24公里的费达拉和卡萨布兰卡。

西部特混舰队于8日拂晓前抵达摩洛哥海岸。由于在夜间行驶，并且航程较远，所以登陆时间推迟了3小时。

8日晨5时，美军第一波舰艇开始向海滩迅速前进，接着，每隔5至10分钟，第二、第三波舰艇随即跟上。

登陆艇开足马力，马达声引起海岸法军炮兵连的注意，他们打开探照灯进行搜索。美军再次发生混乱，部分登陆艇触礁或搁浅，一些士兵落入海中。

至黎明时分，计3500人登陆上岸。在负责费达拉登陆的乔纳森·安德森少将的指挥下，第一梯队向前推进，并夺取了费拉达城。但滩头阵地翼侧的岸炮连依然掌握在法国人手里，并在早晨6时突然向登陆部队和驱逐舰开火，法国战斗机也向航空母舰上的美军飞机发动攻击。

英军士兵（雕塑）

美军虽面临险境，却从容不迫，立即采取反击行动，给法军以有力回击。战斗于中午前结束，美舰无一遭受重创，而法舰除一艘外，全部受到严重破坏。

与此同时，在卡萨布兰卡西南海路150海里处，南路突击舰群在萨菲取得很大进展。突击形势很乐观。盟军克服了浪高潮大、缺乏经验的困难，按原定计划实施了登陆突击。

当天下午，美军已夺取了登陆突击的全部目标，只损失一艘登陆艇。之后，部队便全速向卡萨布兰卡推进。北路突击舰群的主要攻击目标是利奥特港飞机场，从护航航空母舰上起飞的一个战斗机大队将从该机场起飞作战，以便为从直布罗陀起飞实施下一步作战的轰炸机提供掩护。

同在费达拉一样，部队上岸也出现延误和混乱，到达预定登陆海滩的部队既少而且零散，错过了尽早夺取卡斯巴和附近岸炮阵地的最佳时机。

不久，登陆部队便遭到法军的强烈反击。最终，登陆的部队损失近半。

11月10日，形势好转，登陆部队于凌晨突破法军防线，进抵机场附近。不久，陆军航空兵便开始利用利奥特港机场。当天下午，当地法军最高指挥官要求停火。

11月9日起，各路登陆部队开始向卡萨布兰卡进军，次日，对该城形成了包围之势。美军计划于11日晨从陆上、海上和空中实施全面进攻。在发动攻击之前，摩洛哥总督便宣布投降，美军没有使用一兵一卒，遂占领卡萨布兰卡。

盟军至11月中旬占领整个阿尔及利亚和摩洛哥之后，随即向突尼斯推进。

同盟国赢得
北非战役

　　尽管意大利人一直担心盟军在法属北非登陆，但德军最高统帅部认为盟军不会在的黎波里或西西里岛登陆，更不可能进攻法属北非，盟军大批船队不过是要增援并补给马耳他岛。

　　结果，盟军的行动完全出乎德国人的预料，德国人"甚至连做梦也没想到这一点。直至最后一天，我们还认为他们肯定会穿过西西里海峡……后来，他们突然回头驶向北非海岸"。德国人终于看清了盟军的意图，但为时已晚，北非危在旦夕。

　　北非落入盟军之手后，轴心国在非洲只剩下最后一块地盘——与欧洲遥遥相望的突尼斯。鉴于突尼斯在政治上和战略上的重要性，轴心国决定不惜一切代价扼守突尼斯，并制定了西地中海战略的新规划，那就是要占领整个法国，在科西嘉岛登陆，并在突尼斯建立一个桥头堡。

　　盟军登陆的当天中午，纳粹德国强迫维希法国政府接受了它的建议：从西西里和撒丁岛提供空中支援，用来阻止在北非登陆的盟军，并予以有力回击。由此，法国在突尼斯的机场全部对德国飞机开放。

　　1942年11月9日，德军南线总司令凯塞林元帅向突尼斯空投第五伞兵团及其他分队，抢在盟军之前占领了突尼斯城的欧韦奈机场。第二天，占领突尼斯的西迪艾哈迈德机场。11月11日晨，德军又执行"阿提拉"计划，占领了法国的未沦陷区。同日，两个意大利师分别由撒丁岛和本土出发，在科西嘉岛登陆。

　　11月27日，德军为夺取法国军舰，进攻法国南部的港口土伦。在土伦法

国舰队司令德拉博德海军上将的命令下，土伦法国海军将其舰队的70余艘军舰以及60余艘运输舰、油船等凿沉。土伦法军被解除武装。

盟军占领摩洛哥和阿尔及利亚，获得重要的后方基地之后，迅速向突尼斯挺进。

11月15日，北非登陆部队英国第一集团军在安德森中将的指挥下，追击德军进入突尼斯境内，占领突尼斯市西北部海岸城市泰拜尔盖。

17日，在比塞大以西50公里处，盟军与德军首次在突尼斯展开激战。德军15000人的快速增援部队和大量飞机，挫败了英美联军迅速夺取突尼斯和比塞大的企图。至年底，盟军被迫撤至迈杰兹巴卜一线。

1943年春，由于暴雨不断，道路泥泞不堪，给行军造成了很大困难，盟军暂停在突尼斯的攻势。与此同时，蒙哥马利指挥的第八集团军也因等待补给而推迟了向突尼斯的挺进。

轴心国抓住了这个千载难逢的好机会，乘机向非洲增派兵力，并规定突尼斯轴心国军队司令阿尼姆上将的首要任务是，保证隆美尔军队的前进道路畅通，不受牵制，进而两军协同作战，共同守住突尼斯这个战略重地。至1943年2月初，轴心国集结在突尼斯的兵力总数约10万人，其中德军74000人，编成德意非洲集团军群，下辖德军第五装甲集团军和意大利第一集团军，共17个师，另两个旅。

轴心国军队的防区是以160公里长的一连串防卫哨所连接起来的一个总桥头堡。它由包括突尼斯和比塞大在内的两个环形阵地构成，从比塞大以西约32公里的海岸延伸到东海岸的昂菲达维林，分为北、中、南3个防区，各由一个师防守。防守该桥头堡的德意兵力最后增至25万人以上。

1943年年初，根据卡萨布兰卡会议同盟国作出的攻占突尼斯领土、结束非洲战役的决定，任命艾森豪威尔将军为盟军地中海最高统帅部司令，英国亚历山大将军任副总司令，负责地面作战指挥；英国空军中将特德任地中海战区盟军空军总司令；英国海军上将坎宁安任地中海盟军海军总司令。

4位将军会集在此，各施策略，展露拳脚，使突尼斯之战更具精彩性。

第二次世界大战非洲与地中海战事

参加突尼斯战役的盟军兵力是第十八集团军群，亚历山大将军兼任司令，下辖英国第一、第八集团军和美国第二军，共18个师，另两个旅。由盟国地中海舰队及3000余架作战飞机支援作战。

战役计划是：

英国第八集团军在滨海方向上沿马雷斯—加贝斯公路实施主要突击，并积极配合美军第二军歼灭意大利第一集团军的基本兵力；尔后全部盟军迅速向突尼斯市发动进攻。同时美第二军向米克纳西和加贝斯湾方向实施辅助突击，转向意第一集团军后方并切断其退路，再予以歼灭。

1943年2月，隆美尔军队在英国第八集团军的穷追猛打下，退守至突尼斯的马雷斯防线。第八集团军则开抵马雷斯以南数公里的梅德宁占领阵地。德军趁英军尚未立稳脚跟，于2月14日在卡塞林隘口打败美国第二军的部队。

然后，3月6至7日又乘机袭击了梅德宁的英国第八集团军，结果反被早有准备的英军打败，损失52辆坦克，被迫撤回防线。

1943年3月中旬，盟军重新调整部署恢复在突尼斯的攻势。根据亚历山大司令的仅做有限进攻、以转移英第八集团军面对德意军的命令，3月17日，美军第二

二战时的盟军部队（雕像）

军（新任军长巴顿将军，后为布莱德雷将军）在航空火力和炮火准备之后转入进攻。经过几天的奋战，20日，顺利突入米克纳西地区，成功地牵制了德军第十装甲师。同日夜，英国第八集团军开始进攻突尼斯南面的门户——马雷斯防线，以便歼灭意大利第一集团军，同英国第一集团军会合。

马雷斯防线是驻突尼斯的法国军队于20世纪30年代末修建的防御工事。它东翼临海，西翼坐落在迈特马泰山，与沙漠地遥遥相望，全长32公里，由几十个孤立的小地堡和一些坚固筑垒阵地构成。

坚固的防御工事给英军进攻带来了一定的困难。防守马雷斯防线的意大利第一集团军拥有6个师，约80000人。德军第十五装甲师为预备队，拥有坦克150辆、火炮680门。

英国第八集团军进攻部队由3个军组成，辖6个师，另8个装甲旅，有坦克610辆、火炮1410门及22个空军中队支援作战。并实施了强有力的作战计划，第三十军以3个步兵师对防线东翼采取正面进攻策略，在近海地区突破防线。此后，第十装甲军通过缺口实施突击。与此同时，新西兰军从西翼迂回迈特马泰山发动袭击，对守军后方造成威胁并牵制其后备力量。

3月20日晚，英军右翼第三十军在靠近海岸的狭窄沼泽地区首先发起强攻，但并没有取得很大突破，仅在对方防线打开一个很浅的缺口。

次日夜，得到增援后，英军重新发动进攻，桥头堡稍有扩大。由于反坦克炮受沼泽地及地雷阻滞，未能跟进，英军前沿步兵阵地在没有充分支援的情况下被德军的反击所摧毁。战斗开始两天后，英军正面进攻失败，撤回出发阵地。

鉴于初战失利，蒙哥马利对原计划做了相应调整，将作战重点移到内陆侧翼。为此，英军第十军司令部及第一装甲师于23日夜穿越沙漠去增援受阻于普卢姆山峡的新西兰军。同时，印度第四师从梅德宁向内陆侧面挺进，加强对德意军侧翼的威胁，并开辟另一条冲击线。

在增援部队到达后，英军左翼即于26日下午16时在空中轰炸机的掩护下发起闪电攻击。德、意军试图调动其预备部队阻挡英军左翼的猛烈进攻，但

为时已晚。在被合围的威胁下，守军被迫向北撤往瓦迪阿卡里特。3月28日上午9时，英军完全占领马雷斯防线，通往突尼斯的道路遂被打通。4月7日，英国第八集团军开始进攻退守瓦迪阿卡里特防区的意大利第一集团军，并于同日与美国第二军先头部队会师，将德意军重重包围。轴心国军队选择了放弃阵地继续北撤。

4月13日，意大利第一集团军撤至轴心国在突尼斯的最后一道防线昂菲达维尔–蓬德法斯一线。至此，德、意非洲集团军群在突尼斯东北部只保留一个南北长130公里、东西宽60公里的桥头阵地。次日，英军第八集团军开抵昂菲达维尔防线。4月20日，盟军在突尼斯展开非洲战役最后阶段的进攻，从南面和西面向突尼斯和比塞大方向同时实施突击，占领了重要据点。

5月6日，英国第一集团军在强大的航空兵火力支援下，在突尼斯西线对德国第五装甲集团军发动决定性进攻，突破德军防线，将其残部分割为两部。7日，盟军占领突尼斯市和比塞大，此后，继续向海边进军。轴心国部队被迫撤退，因受到同盟国海军的海上封锁，德意军面临进退两难的境界，无力防御。

5月12日，盟军彻底歼灭轴心国残余部队，德意军总司令阿尼姆被俘。13日晨，意大利第一集团军投降，长达3年的北非作战全部结束。

经过三年的浴血奋战，轴心国在非洲战场总计损失95万人，损失舰艇240万吨、飞机8000架、火炮6200门、坦克2500辆、车辆70000辆。

同盟国伤亡约26万人，其中英军22万人、法军20000人、美军19000人。

同盟国占领北非，从根本上改变了地中海的形势，为尔后在意大利西西里岛登陆创造了有利条件。

大漠决斗

北非护航战役

　　在北非战役中，同盟国为保证其北非作战部队的补给，向地中海区域调集了庞大的海空军兵力，开辟了多条交通线。同时，为了夺取地中海的制海权和破坏轴心国的海上运输，同盟国还采取多种手段和攻势，打击德意向北非战场的输送能力，使其交通线瘫痪。这些举措极大地削弱了轴心国前线的战斗力，保证了北非战场的胜利。

英军发动
两栖突击作战

　　马达加斯加岛位于印度洋西部，隔莫桑比克海峡与非洲大陆相望。由于其战略位置的重要，马达加斯加岛变得异常不平静，该岛的归属关系到英军北非作战的补给问题。

　　英国为保证其北非作战的胜利，为它在埃及的部队提供补给，开辟了3条交通线：一条是快速护航船队绕道非洲的海运线，全程长达11600余海里，蜿蜒曲折，形成了独特的战场风景；另一条是穿越中非，从塔科腊迪越过尼日利亚和法属赤道非洲到埃及的空运航线；还有一条是通过直布罗陀进入地中海的航线，尽管它航程较短，但由于易遭受敌人的攻击，只有在特殊情况下才用。

　　北非轴心国地面部队的补给基地在意大利，向北非运送一次物资只需3天时间，省时省力，能及时有效地对前线部队进行补给。而英国的主要海上运输却不得不绕道好望角，经马达加斯加岛抵达北非，每次航行需3个月。

　　和北非轴心国相比，英国的航程虽远，却安全可靠不会有不必要的损失。1942年4月下半月至11月，从英国运抵印度洋各港口的兵员达33.7万人，其中运到中东的约20万人。

　　自日本在太平洋和印度洋发动攻势以来，英国一直担心轴心国会在马达加斯加的迭戈-苏瓦雷斯兴建基地。因为从这个基地上，德国或日本的海、空军不仅可以威胁印度和南非，而且还可以打击驶往埃及的英国运输船队，所以英国的担心不是没有道理的。

　　马达加斯加是法国的殖民地，但长期以来英国一直对维希政府持保守中

立态度，尤其在法国将法属印度支那转让给日本之后，英国对维希政府更是失去了信任。

为防止马达加斯加落入日本控制之下，英国决定对它发动一次两栖突击，占领迭戈-苏瓦雷斯港，行动代号为"铁甲舰"。

执行"铁甲舰"作战计划的舰艇包括"光辉号"和"无敌号"两艘航空母舰、"拉米伊号"战列舰、两艘巡洋舰、11艘驱逐舰、大批扫雷艇和驱潜快艇，以及15艘载运陆军的运输舰和攻击舰。

1942年5月5日，英军第一批部队第二十九旅开始在马达加斯加岛东北部的科雷尔湾实施登陆。维希法国守军为4900多人，其中法国人800名。

二战时的两栖登陆部队 ❤

英军很快突破其抵抗，登陆后迅速占领唯一可以向海面发射的炮台，并向东推进，下午16时即占领迭戈–苏瓦雷斯城。第二批部队第十七旅在安巴拉拉塔湾以南登陆，向东部安齐拉纳推进。第二十九旅先头部队在安齐拉纳以南3公里处受阻。

5月6日晚20时，在第十七旅的增援下，第二十九旅发起最后一次突击并获得成功。与此同时，英国海军陆战队在法国守军后部实施突袭登陆。

5月7日，法军缴械投降。英军占领迭戈–苏瓦雷斯和安齐拉纳，全部伤亡不到400人。法国海军损失大部，其中包括3艘潜艇。

4个月后，英军再次登陆马达加斯加，占领其西岸港口，完全控制了该岛，"铁甲舰"行动取得圆满成功。

其间，英国第八集团军已将隆美尔军队遏制在阿拉曼阵地前，并根据英国首相及内阁的指示，对部队进行补充和整训，以迎击德军即将对阿拉曼的进攻，并全力以赴准备最后的大规模反攻，消灭德意军的有生力量，配合盟军的北非登陆行动。

随着好望角航线的危险被消除，英国对中东的增援迅速得到加强，大批物资、兵力源源不断地运往北非的运输线畅通无阻，加速了北非作战的胜利进程。

英政府实施
护航战役

马耳他岛位于地中海的中心，是同盟国舰船往返直布罗陀和亚历山大的一个中间停靠站，位置相当重要。同时，由于它横跨意大利至利比亚的航线而成为有力打击轴心国海运的坚固堡垒，被称为通向北非的"喉咙"。

盟军驻马耳他的战斗机和轰炸机迫使德、意运输船只不得不绕道航行，增加了德意运输的难度，从而极大地削弱了德意向北非实施运输的能力，也削弱了前线的战斗力。

作为英国舰队基地的马耳他，能够威胁意大利和德国的运输船队，迫使意大利舰队投入大量的护航兵力，而且被迫在缺乏空中支援的情况下作战。

当马耳他岛上的力量强大时，前往北非的轴心国的运输船有将近五分之二被击沉；当该岛力量薄弱时，轴心国便有95％以上的运输船安全驶抵目的地。

因此，轴心国一直将马耳他视为眼中钉，千方百计对其实施打击，想尽一切办法企图拔掉这个"眼中钉，肉中刺"。

1941年12月，希特勒给地中海战区德军下达指令，规定1942年的任务是：

取得意大利南部到北非之间的制空权和制海权并牢牢地掌握在手里，以保证通向利比亚和昔兰尼加海路的安全，尤其要不惜代价压制马耳他。切断敌人经过地中海的交通线以及英国从图卜鲁克和马耳他实施的补给。

航空母舰

该指令同时任命凯塞林元帅为德军南线总司令。此外，德军统帅部将第二航空队派往西西里，旨在协同意大利舰队作战，加强对马耳他岛的攻击，对其实施海、空封锁，想以此击垮马其他岛。

1942年上半年，德军对马耳他岛实施了一系列狂轰滥炸，摧毁了岛上大量英军作战飞机。

5月中旬，凯塞林认为，他已完成了摧毁马耳他防御的任务，遂将第二航空队的部分部队调往东线。放松了对该岛的封锁，英国趁机加强该岛的空、海军兵力。

与此同时，美国航空兵也陆续投入地中海作战。

5月底，盟军再次在整个地中海建立了空

中基地，恢复先前的战斗力和防御力。尤其是在马耳他岛，从4月19日至6月5日，航空母舰给岛上一共运送了178架战斗机。

更为重要的是，调往马耳他的新型鱼雷机具有更大的作战半径——从1939年的100海里达到1942年的400海里，超越了整个地中海的范围。

因此，轴心国的运输船即使采取最远的迂回航线，也难以逃脱英国飞机的攻击，甚至连拜尔迪耶、图卜鲁克和马特鲁港内的轴心国舰船也难逃脱被攻击的命运。

轴心国实际上已不可能保护船队免遭英国飞机的袭击。凯塞林只好集中力量轰炸该岛的机场。

在一次轰炸中，德机共投掷700吨炸弹，摧毁地面的17架飞机。但是，德国轰炸机同时也遭到英国战斗机的有力反击，损失飞机65架，而英军仅损失36架"喷火"式战斗机。

德国轰炸机不得不实行打了就跑的战术，才能维持原有的实力。

6月中下旬，轴心国在北非取得胜利之后犹豫不决，终于放弃占领马耳他岛的"大力神"计划。

7月初，英军统帅部决定将四五月间被迫撤离马耳他岛的潜艇重新派回，恢复该岛的进攻基地的作用。

7月20日，第一艘潜艇抵达马耳他。潜艇部队的作用很快便显露出来；8月，共击沉7艘轴心国运输船，总吨位达4万余吨。

至9月，马耳他已完全恢复了作为水面战舰、潜艇和战斗机基地的作用。

自从1942年6月英国开往马耳他的两支护航船队被击溃以后，英国没有再进行例行的护航战役。高射炮弹和航空汽油等重要物资，是由快速水面舰艇和潜艇运往马耳他的。

然而，守军面临的食物问题一直未得到解决，从3月至8月只有两艘受创的补给船开到马耳他，补给的物资远远不够。岛上尤其缺乏面粉和弹药，假如得不到及时足够的补给，英国守军很难坚守下去。

于是，英国政府决定在8月中旬再进行一次护航战役，派一支庞大的运输

船队去马耳他，行动代号为"基石"。

英军统帅部深知，只要昔兰尼加控制在轴心国手中，船队从东部进入马耳他岛是绝对不可能的，6月的"精力旺盛"护航战役已证明了这一点。英国船队必须集中力量从直布罗陀打开一条通路。

为此，英国集结了一支包括现代化巡洋舰和强大的驱逐舰在内的庞大的护航队，用以对付意大利战舰。同时，英国和埃及大力加强马耳他岛的空军力量，以支援"基石"行动，希望可以取得成功。

8月10日晨，14艘货船从直布罗陀起航，穿过直布罗陀海峡向马耳他方向航行。

为船队护航的军队有，载有72架战斗机的3艘航空母舰，第四艘航空母舰"暴怒号"载有运往马耳他的战斗机；护航舰队还包括2艘战列舰、7艘巡洋舰、24艘驱逐舰、8艘潜艇和20余艘小型舰船。

这支护航力量堪称是整个战争中最强的，也足以看出英国对这次行动的重视程度。

1942年8月5日，意大利海军总部便从无线电截听中获悉，英军准备在西地中海进行一次重大活动。

8日至10日晚，轴心国进一步获悉，一支庞大的船队分作若干群正在通过直布罗陀海峡向东航行。根据这一重要信息，德意军统帅部即着手部署兵力，想阻止此次航行。

由于缺乏燃料而无法使用战列舰，德意军遂派出大批空军和21艘潜艇，以及巡洋舰、驱逐舰和鱼雷艇，在英国船队的前进路上设置了5道阻击线，旨在迫使英国船队分散，然后由强大的意大利巡洋舰部队将其歼灭。一场激烈的海上作战即将拉开帷幕。

1942年8月11日，37架英飞机从航空母舰"暴怒号"起飞，前往马耳他岛，航空母舰则返航直布罗陀。途中该航母遭到意潜艇"达加布尔号"的袭击，英护航驱逐舰立即反击，击沉"达加布尔号"。日落时德意飞机开始猛烈轰炸，潜艇也展开攻势，但没有给英国船队造成任何损失。

8月12日上午，英国船队通过撒丁岛以南之际，德意空军又发起攻击，重创航空母舰"无敌号"，几艘运输船受重伤，一艘驱逐舰被德鱼雷攻击机击沉。当晚，护送船队的主要舰只返航直布罗陀，运输船队由4艘巡洋舰和10艘驱逐舰护航，继续向马耳他前进。此时，除一艘货船受伤掉队外，其余均整列航行。

可是，在由6艘意大利潜艇组成的邦角区域的封锁线上，英船队受到巨大的挫折。防空巡洋舰"开罗号"和4艘运输船被击沉，巡洋舰"尼日利亚号"受重创。这两艘巡洋舰是作战护航的两个控制中心，它们的损失在船队中造成巨大的混乱。在德意轰炸机和鱼雷机的联合攻击下，巡洋舰"曼彻斯特号"、一艘油轮和两艘运输船在班泰雷利亚岛海域被击沉。

8月13日上午，德国轰炸机再次轰炸英船队，击沉两艘弹药船。后在来自马耳他的战斗机的保护下，剩余船只才逃脱了被消灭的命运。

13日晚，五艘运输船运载32000吨货物终于抵达马耳他，其中一艘油轮运来了岛上空军急需的燃料。在这次护航行动中，英国船队及其护航舰艇总共被击沉1艘航空母舰、2艘巡洋舰、9艘运输船。轴心国损失约60架飞机、1艘潜艇，另有2艘巡洋舰受重创，但仍没有成功地阻截运输行动。

从总体看，英国海军由于未得到空军的有效支援，即便在海军力量处于优势的情况下也未能击退轴心国的空中突击，在战术上是一次失败。

然而，意大利战列舰舰队在战争中第一次不能投入战斗，其战略上的含义要深远得多。这表明轴心国军队在走向衰败，"基石"护航战役实际上是意大利海军的挽歌。而同盟国则依靠其强大的经济潜力和雄厚的物质基础，逐渐壮大自己的实力。至1942年秋季，同盟国根本扭转了地中海的战略形势，把主动权牢牢抓在手里。

同盟国打击
北非补给线

为了夺取地中海的制海权和破坏轴心国的海上运输，同盟国开始向地中海区域调集庞大的海空军兵力。

至1942年10月，英国在地中海的海军力量迅速增长，其舰艇比半年前增加近一倍，总数达114艘，其中战列舰3艘、航空母舰4艘、巡洋舰14艘、驱逐舰63艘、潜艇30艘。

而意大利的舰艇仅增加10艘，共计78艘，各类舰艇比半年前只增加两三艘。此时，英国的兵力占有绝对的优势。

美国航空兵介入地中海战区，使英国能够充分利用航空母舰的战斗机支援海上作战，大大提高了作战效率，并为马耳他岛运送飞机。

1942年10月11日，德意空军再次对马耳他岛发起猛烈攻势，企图一举消灭该岛的空军力量。但由于同盟国强有力的补充，岛上空军力量大大加强，轴心国不得不于一周后放弃了这一企图。

这时，德国海军的基本兵力已集中在大西洋和北极圈区域，困难地对付同盟国的护航运输船队。在地中海战区，德军只留下15艘潜艇。1943年1月后，潜艇继续减少，轴心国主要依靠加强空军与同盟国对峙。

但是，由于德国必须兼顾大西洋及东线战事，同盟国在地中海战区的空军增长速度要大大超过对方，至1943年年初，盟军飞机已达3000架，轴心国仅有1700余架。

这样，随着马耳他岛海空军战斗力的逐步恢复，该战区同盟国空军不断增强和德意军不断削弱，轴心国的航运损失急剧上升，10月的损失率已达

44％。运给隆美尔的32000吨的补给品，只运到20000吨；对隆美尔军队至关重要的油料，装载上船10000吨。但仅有4000吨抵达北非。

德意非洲集团军处于弹尽粮绝、油料匮乏的困境，而英国第八集团军则得到充足的兵力、装备及物资补给。在两军实力悬殊的情况下，英军向北非德意军发动了阿拉曼战役。

10月26日，隆美尔寄予极大希望的一支运载汽油和弹药的护航船队被盟军海空军消灭。战役刚刚开始三天，这对非洲军是一次沉重的打击，其后非洲军再没有得到充分的补给。没有汽油，隆美尔便无法有效利用装甲部队实施他所擅长的装甲机动战。他不得不多次放弃反击，距失败越来越近。

就在蒙哥马利率部向西追击隆美尔溃军之际，盟军于11月8日出其不意地实施北非"火炬"登陆战役，获得成功，再度挫败了轴心国的士气。

11月11日，希特勒下令：

抢在敌军从阿尔及尔进入突尼斯之前建立突尼斯桥头堡。

三个德国师和两个意大利师奉命担负此项任务。为这些部队提供后勤补给的重担，理所当然地落在已经不堪重负的意大利海军肩上，此时的意大利海军也只有恪尽职守，尽力而为。

在此之前，意大利海军总部曾向其最高统帅部说明，由于盟军海军力量的急剧增强，除了已在进行中的对利比亚的补给外，意海军再不能承担任何大规模的海上支援活动了。

鉴于盟军突然登陆北非，突尼斯岌岌可危，意海军便建议放弃对的黎波里塔尼亚的船运补给，全力增援突尼斯守军。因为突尼斯对轴心国具有更大的战略价值，它是地中海的门户，也是未来向非洲发动反攻的桥头堡。

可是希特勒却坚决不允许利比亚的隆美尔军队实行战略撤退。这样，意海军便被迫承担它力所不及的任务——同时为的黎波里塔尼亚和突尼斯两个地区提供补给。

1942年11月12日下午，第一支意大利船队顺利抵达突尼斯比塞大港。该船队由两艘运输舰和5艘驱逐舰编成，装载1000名意军和1800吨的军事装备。

为了保障补给的成功，意海军立即在突尼斯设立指挥部，由此开始了海上补给战的最后阶段。

在盟军主力尚未进入突尼斯之前，英军仍致力于对利比亚提供补给之机，意海军在11月为先行空运抵达突尼斯的5个师运去的油料、坦克、火炮等补给品达30000余吨，另运去部队13000余人。德意军依靠这些兵员、装备的增援，彻底粉碎了盟军企图迅速夺取突尼斯和比塞大港的作战意图。

与此同时，德意潜艇在北非沿海也异常活跃，有力地打击了同盟国的航运。11月10日，同盟国一艘运煤船和一艘驱逐舰被德潜艇击沉。次日，又有4艘运输船被击沉。自11月中旬起，德国海军组织力量从海上封锁北非的大西洋沿岸地区，在直布罗陀以西布置了25艘潜艇，主要任务是切断同盟国对已上岸的登陆部队的供应。

此外，德军还在西西里岛至突尼斯海岸之间紧锣密鼓设置两道平行的长120海里的水雷障碍。

尽管采取了上述措施，对盟军的地中海航运并未产生严重影响，截至12月份，盟军在地

中海仅损失16艘运输船。而轴心国实力已是强弩之末，危在旦夕。

随着昔兰尼加落入英军之手，马耳他的交通线畅通无阻，该岛被围困的局势终于打破。英军再次投入大量兵力物力，加强该岛的作战力量，不仅增加了岛上的潜艇数量，而且开始派驻水面舰艇力量。

从1942年12月起，第十五巡洋舰分舰队、舰队驱逐舰"K"编队和第十潜艇区舰队开始在那里驻泊。除担任突击任务的巡洋舰和驱逐舰外，在马耳他岛还编组了若干近海舰艇区舰队，它们由炮艇、鱼雷艇和其他小型舰艇组成，大大加强了马耳他岛的防御力和战斗力。

另一支由巡洋舰和驱逐舰编成的Q舰队，于11月13日进驻阿尔及利亚的波尼港，这给负责向突尼斯守军运送补给的意大利海军以致命的打击。

波尼是通向比塞大和西西里海峡的前进据点，在战略上控制着撒丁岛以南的水域。它和马耳他岛一道，成为盟军手中用以对付西西里海峡的一把钳子。在这种态势下，轴心国对非洲的海上补给线实际处于瘫痪状态。尽管具有决定性的突尼斯之战尚未打响，但非洲的轴心国部队已经奄奄一息。

盟军的注意力很快便从利比亚补给线转向西西里海峡。马耳他岛的空军部队对该海峡施行一天24小时的空中巡逻，以配合同盟国海军阻止轴心国向突尼斯运送援兵，为彻底消灭德意非洲军团创造良好条件。

12月1日夜，驻波尼的英国Q舰队出航，首次袭击一支意大利护航运输船队。这支船队的4艘运输船满载2000名官兵和数十辆坦克及弹药，在5艘驱逐舰的护卫下向突尼斯驶去。

Q舰队依靠优势雷达和舰炮，迅速击沉3艘意大利护航驱逐舰，并重创一艘驱逐舰。唯一没有遇难的意大利驱逐舰见势不妙，丢掉运输船队仓皇逃走。意大利船队则遭到英国Q舰队的猛烈攻击，受到重创，英舰则完好无损。

与此同时，在波尼以北的西西里西面，一艘满载突尼斯守军急需的燃料的意大利油轮，被来自马耳他岛的舰队航空兵发现，顷刻间被鱼雷机击中葬身海底。在随后的两个夜晚，又有4艘意大利舰船被同盟国海、空军击毁，其中包括为轴心国船运屡建战功的意大利驱逐舰"卢波号"。

意大利人在夜间进行的航运没有取得成功，便改变了战术：白天在战斗机的掩护下渡过西西里海峡。同时，为了免遭英国海军水面作战舰队的攻击，意大利人于11月底开始铺设两条水雷防线。

该防线从比塞大和突尼斯市向前延伸横贯西西里海峡，长达80海里，仅留下一道狭窄的航运通道，形成了一道有力的掩护屏障。

盟军不久便了解到意大利船队通过的这道宽约50海里的走廊的情况，于是，他们利用马耳他岛和波尼港的布雷舰，在日落时快速驶进走廊布雷，天亮前离开。

意大利舰船在通过这条走廊付出沉重代价之后才发现，在埃加迪群岛和突尼斯诸基地之间，只剩下一条长达40海里的"胡同"，其宽度不超过一海里。要护送一支混合编成的庞大船队通过一条一海里宽40海里长而没有航标的水道，外加隆冬时节雾霜相交、海浪汹涌和盟军的空袭，必定困难重重。这样，意海军白天航运的计划也告失败，不得不改道航行。

1942年12月，意大利海军和商船队竭尽全力向其北非部队提供补给，不惜重大代价，运载的货物总吨位达到最高水平21.2万余吨。但是，其中至少有68000吨被盟军击沉，15000吨受到损坏，损失率达40％。其中运往利比亚的物资损失率达52％，运往突尼斯的物资损失率也有23％。

1942年1月至12月份，盟军在地中海击沉德国和意大利的船舶为106艘，总吨位达17.79万余吨，这使德国和意大利的补给宣告失败。

盟军占领阿尔及利亚机场之后，1943年1月，美军第十二航空队也迅速加入了地中海作战。他们高速低空轰炸的作战技能，给予意大利海军以沉重打击。至此，盟军在地中海战区已取得决定性的空中优势，作战飞机既可以击沉海上的轴心国船舶，也能对港口和港湾内的船只进行狂轰滥炸。仅1月份，同盟国空军就出动飞机3000多架次，对港口和公海上的轴心国船舶实施突击。

该月，轴心国共出动51艘货船驶往北非，其中11艘被潜艇击沉，4艘被水面舰艇击沉，两艘触上水雷，7艘被飞机炸沉，还有7艘在盟军的空袭下遭重

创，损失率高达55％。意大利人懊丧地将通往突尼斯的航线称为"死亡线"。

至1942年年底，突尼斯的德意军只能依靠抢运来的补给和有利的冬季雨天，暂时迟滞了盟军的推进。利比亚的隆美尔军队却处于弹尽粮绝、气息奄奄的境地，该军每月至少需要80000吨的补给，但在12月只得到24000吨，最终不得不放弃的黎波里塔尼亚，于1943年2月中旬退至突尼斯马雷斯防线，抱着不畏牺牲的信念据守着这个突尼斯的门户。

盟军从1943年3月恢复攻势后，决定首先拔掉马雷斯防线这个钉子。其间，盟军海、空军再度发挥巨大的优势，狠狠打击轴心国补给线及运输力量。至3月，盟军已拥有大量美国轰炸机，可以有效地在白天对西西里岛以及意大利和希腊其他滨海地域的运输船只装载点和护航运输船队编组点进行大规模轰炸。一次袭击中，22架美国"空中堡垒"式飞机将西西里巴勒莫港的一艘运输船击毁。

1943年4月10日，美国轰炸机对停泊在撒丁岛拉马达累纳港的意大利最后两艘重型巡洋舰发起猛然攻击，击沉"的里雅斯特号"巡洋舰，击毁"戈里齐亚号"，取得了重大进展。

同盟国空军实施的一系列轰炸，大大地削弱了意大利的护航力量。

1943年第一季度，意大利用于突尼斯航线护航的军舰每日未超过10艘，在2月底减至5艘，数量急剧下降。以后，剩余的护航军舰几乎没有进港休息的机会，一直在西西里海峡来回游荡，每月出勤时间高达二十七八天之多。船员极度疲劳，护航能力降低。

2月间，轴心国派往突尼斯34艘运输船，仅有20艘抵达。3月，44艘运输船被盟军击毁击沉达23艘。

在突尼斯战役初期，轴心国在海上交通线上的平均损失率为25％~30％，至四五月这最后两个月的损失则尤为严重，高达50％甚至50％以上。

至此，轴心国与突尼斯守军之间的交通线实际上已被切断，想继续进行补给简直比登天都难。

在这种情况下，德意非洲集团军向希特勒报告了其缺粮少油料的处境。凯

塞林元帅也建议放弃突尼斯，将残存部队撤回本土保存实力，但是遭到希特勒的断然拒绝。这意味着轴心国的陆、海、空军要继续在非洲做无谓的牺牲。

为了鼓舞士气，支援突尼斯守军，轴心国统帅部利用所有可供使用的驱逐舰、鱼雷艇以及运输船向突尼斯运送兵员及补给。

1943年4月，被盟军击沉击伤的补给船高达60％。4月的最后一天，3艘意大利驱逐舰载运军队900人，也没有逃脱厄运葬身于大海之中。

至4月底，在美国战斗机的有效拦截下，轴心国的空运也停止了活动。轴心国不甘心失败，于5月3日夜派出一艘8000吨的大型货船，满载弹药、炸弹和地雷，在一艘鱼雷艇的护卫下向突尼斯驶去。它们在邦角附近被3艘来自马耳他的英国驱逐舰击沉。此时没有得到有效补给的突尼斯守军，情况万分紧急。

5月7日，盟军成功占领德意军队在北非的最后供应基地——突尼斯港和比塞大港。德意非洲集团军群残部撤往突尼斯北部的邦角，并向总部报告没有能力再接受船运补给。然而，希特勒仍要求派船增援。

当晚，最后3艘德国货船向邦角驶去。它们平安渡过西西里海峡后却找不到可以靠岸卸货的港口，徘徊犹豫之际被盟军飞机炸成碎片。

在突尼斯战役的最后阶段，盟军统帅部预料德意军将会通过海路或空运从邦角撤走，于是，同盟国海、空军在德意军交通线上的作战活动顺势发展成为对海岸的封锁，旨在将轴心国军队全歼在非洲大陆上。

为此，护航运输船队暂时停止开往马耳他岛，也不在近海区内活动，全部兵力集中封锁突尼斯的德意军。在这里盟军进行了首次逼近的严密封锁，参加封锁行动的驱逐舰、鱼雷艇和小型舰艇在邦角附近分两线成半圆形展开。

炮舰则向集中在邦角半岛的轴心国军队开火，并有效地控制向舰艇射击的德意军炮兵。盟军轰炸机和战斗机对舰艇实施支援和掩护，歼灭机场和空中的敌机，阻止轴心国残余部队乘运输机撤走。

这一封锁行动，粉碎了轴心国军队妄想从突尼斯撤走的一切可能性。除数百人乘夜暗搭乘小型舰艇逃到西西里岛之外，5月13日，近30万人的轴心国部队向盟军缴械投降。至此，非洲战争胜利结束。

地中海战事

大漠决斗

第二次世界大战非洲与地中海战事

地中海争夺战

　　地中海是英国通往埃及和印度、缅甸、新加坡、香港等沿海岸殖民地的生命线，也是守住直布罗陀及马耳他等要地的重要通道，但随着法国的战败，这条生命通道变成了德军的屠宰场，英国的货物和生命财产受到严重威胁。为了打通这条通道，英军在地中海与德军进行了激烈的保交与破交、空袭与反空袭、岛屿进攻与海岸防御等战役，确保了战略物质的顺利运输。

英国海军
实施"弩炮"行动

地中海位于欧、亚、非三洲之间，是世界上最大的陆间海。它西连大西洋，北接黑海，南通红海及印度洋，自古是连接三大洲的重要航道和兵家必争之地，战略地位十分重要。

欧战爆发后，同盟国与轴心国在地中海展开了激烈争夺。意大利独裁者墨索里尼企图重温罗马帝国的旧梦，把地中海变成意大利湖，为夺占非洲和巴尔干创造条件。德国为实施"德意联合海战"计划，稳定南翼，进军非洲，也十分重视地中海。英国为保护其在埃及和地中海沿岸地区的殖民地，守住直布罗陀及马耳他等要地，保持与印度、缅甸、新加坡、中国香港等殖民地的联系，把地中海视为自己的生命线。

双方海上斗争的焦点集中在海上保交与破交、空袭与反空袭、岛屿进攻与海岸防御等方面。

法国海军本来与英国舰队并肩作战，共同对付德意。法国战败后，情况发生了骤然变化。如何处置法国舰队，一时成为英德双方斗争的焦点。

希特勒迫使法国投降的目的之一，就是要把法国舰队据为己有。德法停战协定第八条规定，法国舰队应在指定的港口集中，并在德国或意大利监督下复员和解除武装。后来，希特勒在"海狮"作战计划指令中更明确地提出要"征用战败国的舰船"。

英国最担心的正是法国舰队落入轴心国之手，在这种形势下，能不能阻止法国舰队落入德意之手，成了英国当务之急。

1940年6月17日，罗斯福致电法国维希政府，不要让舰队投降，贝当不

第二次世界大战非洲与地中海战事

予理睬。6月19日，英国派海军大臣、海军司令等赴法国与贝当商谈法国舰队开往美国的问题，遭到贝当的拒绝。

为了防止法国舰队落入德意手中，英国政府决定夺取或摧毁所有法国战舰，罗斯福赞同英国这一决定。

1940年6月24日，英内阁接到泊于埃及亚历山大的法国军舰将移驻法属港口的报告，准备采取坚决行动。

6月25日，英内阁再次讨论如何防止在米尔斯克比尔港的法国军舰落入敌手，会上决定，如法舰队不接受英国条件，就以优势海军对法国舰队发动攻击。6月27日，英军制定了"弩炮"行动计划，对英国所能接近的法国舰队采取突然行动，夺取、控制或使之失去战斗力。

英国将专门组成H舰队执行这一计划。H舰队编有3艘战列巡洋舰、1艘航空母舰、2艘巡洋舰、11艘驱逐舰，部署在直布罗陀附近，由海军中将詹姆斯·萨默维尔指挥。

6月30日，英军参谋长委员会决定，"弩炮"行动应尽快实施。

当时，法国舰队的分布如下：在英国的朴茨茅斯和普利茅斯停泊有2艘战列舰、4艘轻巡洋舰、数艘

丘吉尔

潜艇、8艘驱逐舰以及约200艘较小的扫雷和反潜舰艇;

在埃及的亚历山大港停泊有1艘战列舰、4艘巡洋舰及数艘小型舰艇;

在阿尔及利亚的奥兰及其附近军港米尔斯克比尔停泊有"布列塔尼"号和"普罗旺斯"号2艘战列舰、"敦刻尔克"号和"斯特拉斯堡"号2艘战列巡洋舰、数艘轻巡洋舰、驱逐舰和潜艇等,在阿尔及尔有7艘巡洋舰;

在马提尼克有1艘航空母舰和2艘轻巡洋舰;在摩洛哥的卡萨布兰卡停泊有尚未装上舰炮的"让·巴尔"号战列舰;

在塞内加尔达喀尔港停泊有"里舍利厄"号战列舰。此外,在法国土伦和其他港口也停泊着许多舰船。

7月1日,英国海军部致电萨默维尔中将:

英王陛下政府之意已决,如果你们提出的各项办法,法国人都不接受,便断然予以击沉。

H舰队于7月3日拂晓由直布罗陀启航,9时30分许抵达米尔斯克比尔附近海面。英舰队司令致函米尔斯克比尔法国分舰队司令塞尔·让苏尔将军,要求其法国舰队根据下列办法之一行事:

一、和我们一起航行,继续为取得对德国和意大利战争的胜利而战。

二、裁减舰员,在我们的监督之下开往英国港口,或裁减舰员,随同我们一起开往西印度群岛的一个法国港口,例如马提尼克,在那里完全按我们的要求解除舰只的武装,或者交给美国妥为保管,直到战争结束。

如果你拒绝这些公平合理的建议,我要求你们在6小时以内把你们的舰只凿沉。如果你们未能遵照上述办法行事,那么,我只好使用一切必要的力量,阻止你们舰只落入德国或意大利之手。

让苏尔向法国贝当政府报告了英国舰队司令发出最后通牒的情况，法国海军参谋长复电法分舰队司令，法国已电令地中海所有部队向让苏尔分舰队所泊海域集中，以为支援。

英法舰队代表谈判了一整天，毫无结果。英海军部命令萨默维尔迅速解决问题，否则法国增援部队将会到达。

17时56分，英国H舰队遂向法国分舰队开火，袭击约10分钟，英航空母舰的舰载机也参加空袭。法国分舰队驻泊港内，未能组织有效还击，"布列塔尼"号战列舰被击沉，"敦刻尔克"号战列巡洋舰、"普罗旺斯"号战列舰和1艘驱逐舰被击伤后搁浅，"斯特拉斯堡"号战列巡洋舰和3艘驱逐舰逃往土伦。

与此同时，停泊在英国港口的法国2艘战列舰及其他舰艇全部被英国解除武装。

后来，驻埃及亚历山大港的法国舰队司令勒·埃戈德弗鲁瓦海军上将与英国地中海舰队司令坎宁安海军中将进行谈判，就扣留亚历山大港法国舰队并解除其武装使之中立化一事达成协议。

协议规定，法舰可不凿沉，但不得离港参与任何敌视美国的行动，英方不夺取法舰。7月7日、8日，法国驻亚历山大港的分舰队和停泊在非洲港口的2艘最新战列舰，分别被解除武装或击伤，丧失战斗力。

英国海军击沉法国舰队的"弩炮"行动，又称奥兰事件，在英法两国和国际上影响较大。

7月4日，丘吉尔向下院详细报告事件始末，他说："关于我们这次行动的意义，我满怀信心地把它留给议会去裁决，留给全国人民，留给美国，留给世界，留给历史去评判"。

事件过后，丘吉尔也认为这是"可怕的插曲"，不过这可以表明英国战时内阁是无所畏惧的。

贝当政府态度截然不同。7月4日，贝当写信给美国总统罗斯福：

英国分舰队在奥兰海面向停泊在港内的法国军舰进行无端的袭击，希望罗斯福对法国表示积极的友谊。

罗斯福完全站在英国一边，称英国的行动是自卫行动产对贝当的信件不予置理。

7月5日，法国贝当政府宣布与英断绝外交关系。贝当政府还命令空军派轰炸机从非洲基地起飞袭击直布罗陀的英国舰队，未获战果。

海上战斗

当时在英国的"自由法国"领导人戴高乐认为，这是"一件令人悲愤的事情"，是一个"悲剧"，"是一个可怕的打击"。不过，他又认为，"英国人当然有理由害怕敌人有一天会设法控制我们的舰队。在那种情况下，大不列颠就会受到严重的威胁"。

7月8日，戴高乐在伦敦发表广播讲话，对英国炮击法国舰队表示痛苦和愤怒，同时强调拯救法国的事业高于一切，甚至也高于法国舰队的命运。

"弩炮"行动是一个重大事件，对英国来说是一种不得已而为之的特殊手段。

在行动中，英国舰队获胜，法国舰队失败，这就有效地制止了法国舰队落入德意手中的可能，对德意是沉重打击，对法国贝当政府则是严重警告。

"弩炮"行动打乱了希特勒的计划，有利于英国夺取地中海的制海权。

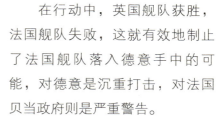

英国舰队
支援 "自由法国"

法国贝当政府屈服于希特勒的武力，而被贝当政府排挤出去的戴高乐将军却是一个强硬的抵抗派。贝当宣布停战之后，戴高乐于1940年6月18日在丘吉尔的同意下在英国广播电台BBC发出抵抗号召。

戴高乐的讲话在第二天的英国报纸进行了登载，并由播音员重新诵读。这个与政府唱反调的将军受到贝当政府的降级和停职处理，贝当政府还于8月份缺席审判宣判戴高乐死刑。

对于法国政府的宣判，戴高乐不仅没有被吓倒，相反更加激发了他的斗志。他在英国组织 "自由法国" 运动，领导法国流亡海外人士及法国殖民地人民起来抵抗德意法西斯。

以温斯顿·丘吉尔为首的英国政府，于1940年6月28日宣布承认戴高乐将军为自由法国的领袖。戴高乐组织的武装力量被称为 "自由法国军队"。8月7日，由著名法学家勒内·卡森起草的协议得到了英国的认可。根据这份协议，自由法国军队在英国军队中不属于外籍兵团，拥有自己的国别和独立性。

1940年8月8日，丘吉尔和戴高乐签署关于 "自由法国" 志愿军的协议，明确规定法国志愿军的任务、编制、服役条例和物资供应，为英国同 "自由法国" 的关系奠定了基础。

1940年10月27日，戴高乐将军在布拉柴维尔成立了帝国防御委员会，但强调战争结束后，将由法兰西对其一切行为进行评价。

为了使法国抵抗运动能够得到顺利的发展，并建立可靠的根据地，"自

由法国"运动迫切需要向非洲发展。当时，法国的殖民地，如阿尔及利亚、摩洛哥、突尼斯等地有许多组织表示拥护"自由法国"，但不久宣布退出。赤道非洲、喀麦隆倾向"自由法国"，可达喀尔拥护维希政府的领导人却派舰艇去"制裁"领地长官。

在这种情况下，8月3日，丘吉尔考虑由英国派出舰队，运送"自由法国"部队2700人到西非登陆，使赤道非洲和北非的法国殖民地脱离法国维希政府。

8月4日，英军参谋长委员会拟定计划，8月5日战时内阁批准方案。8月12日，确定了代号为"威吓"的达喀尔远征行动，预定9月19日实施。

8月31日，英法M舰队从斯卡帕湾启航。M舰队包括"巴勒姆"号和"决心"号战列舰、"皇家方舟"号航空母舰、4艘巡洋舰、16艘驱逐舰、3艘载送部队的运输舰，以及3艘"自由法国"海军的护卫舰和2艘武装拖船。

9月11日，M舰队驶抵达喀尔北部，获悉法国维希政府派出的一支由3艘重巡洋舰和3艘轻巡洋舰组成的舰队已由土伦港沿地中海开往赤道非洲，企图夺取归顺"自由法国"的非洲殖民地，阻挠M舰队的活动。

M舰队准备拦击，直布罗陀的英舰队也采取行动。维希政府的舰队未能达到目的，但M舰队的登陆行动也受到影响。

9月16日，英战时内阁发出命令：

> 法国维希政府的巡洋舰之到达达喀尔，使我们不能执行进占达喀尔的计划。……最好的办法是让戴高乐将军的部队在杜阿拉登陆，以巩固喀麦隆、赤道非洲，并把戴高乐的势力伸张到利伯维尔。远征军中的英国部队目前应留在弗里敦。

翌日戴高乐致电英国，仍要求支持并掩护"自由法国"军队进攻达喀尔的战斗。

9月23日，戴高乐将军要求和平登陆，遭到达喀尔当局的拒绝。忠于法国

维希政府的达喀尔海岸炮兵和停泊在港内的舰只还向英舰开火,致使英国的巡洋舰受重伤。战斗持续两天,M舰队没有取得进展。

9月25日,M舰队撤至英国殖民地塞拉利昂首都弗里敦。战斗中,英国2艘战列舰和1艘巡洋舰受创,4架舰载机被击落。法国维希政府军1艘巡洋舰和2艘潜艇被击沉。

10月3日,M舰队离开弗里敦港,将"自由法国"部队护送到法属喀麦隆的杜阿拉上岸。11月10日,戴高乐将军的"自由法国"部队占领加蓬首都利伯维尔。1941年2月23日,"自由法国"的一支部队在意属厄立特里亚登陆。

英国与"自由法国"的M舰队在非洲西部海域的活动,对于戴高乐在西非法属殖民地发展"自由法国"的力量,发挥了积极的作用,并对英国在北非及地中海与德意进行的斗争产生了积极影响。

海上较量
英意不惜血本

　　地中海的海上斗争，与北非和巴尔干陆上战场紧密相连。意大利和德国为了称霸地中海，保护由意大利半岛到利比亚这条南北相距约500海里的海上交通线，以适应北非战场和进攻希腊的需要，先是投入了全部意大利海空军，后增调德国空军和潜艇到地中海参战。

　　美国为了保护英国经直布罗陀到埃及亚历山大这条海上交通线，以支援英军在北非及希腊的作战，坚持地中海的斗争。在地中海的争夺中，英国的地中海舰队部分地得到了美国海军飞机的增援。

　　1940年6月，在法国舰队被解决后，地中海就剩下英国地中海舰队与意大利海军。当时英国地中海舰队有4艘战列舰、7艘巡洋舰、22艘驱逐舰、1艘航空母舰、12艘潜艇，以亚历山大为主要基地。

　　而意大利海军有6艘战列舰、7艘重巡洋舰、12艘轻巡洋舰、49艘驱逐舰、108艘潜艇，以塔兰托为主要基地。

　　此外，还有意大利空军。意大利海空军在实力上略居优势，英国舰队在海军航空兵和雷达装备方面居于优势。

　　起初，英国海军部鉴于形势不利，曾考虑放弃东地中海，而将力量集中到直布罗陀。丘吉尔认为，意大利舰队素质低，英海军不应撤离地中海。他于1940年6月17日致函海军大臣：

　　　　驻在亚历山大的舰队应留在那里保护埃及，免遭意大利的进攻，否则我们在东方的地位将过早地受到破坏。

7月3日，英军参谋长委员会草拟了关于地中海的文件，做出了舰队留在地中海的决定。这个决定，有利于英国在地中海夺取主动权。

在英意地中海之战开始之初，英国设在马耳他岛海空军基地对意大利的往来船只构成很大的威胁，马耳他岛成为斗争的焦点。

1940年6月，意大利对马耳他发动30多次袭击，迫使英国潜艇撤离马耳他，妇女儿童也撤离该岛。英国地中海舰队负责为撤运的船队护航。地中海海上护航战斗开始。

7月9日，英国地中海舰队与意大利海军在卡拉布里亚海域遭遇，这是英意首次海上护航战斗。英地中海舰队司令坎宁安海军中将率"鹰"号航空母舰，载飞机19架、"厌战"号、"马来亚"号和"君主"号战列舰、5艘巡洋舰、16艘驱逐舰，编为3个战斗群参战。

意大利舰队司令伊尼戈·坎皮奥尼海军上将指挥意分舰队含"朱利奥·恺撒"号和"加富尔"号战列舰、6艘重巡洋舰、12艘巡洋舰、24艘驱逐舰参战。

战斗中，意旗舰"朱利奥·恺撒"号和1艘巡洋舰受伤，意舰撤出战斗。英舰"海王星"号和"沃斯派克"号受轻伤。英舰停止追击。此后，英意又多次进行海上护航战斗。

7月19日，英意海军进行斯帕达角海战。英舰队中的澳舰"悉尼"号在克里特岛附近击沉意大利"科利昂尼"号巡洋舰。

1940年8月底至9月初，英国将"光辉"号航空母舰和"勇士"号战列舰等调到地中海。英国地中海舰队有2艘航空母舰、3～4艘装有雷达的快速战列舰，而驻直布罗陀的H舰队作为英国海军部控制的一支突击力量，也可随时在地中海作战。

在新一轮争夺地中海的制海权中，保持马耳他岛的稳定具有特殊的意义。为了保持马耳他岛的稳定，英国海军大臣亚历山大认为必须削弱意大利舰队，以海军航空兵攻击塔兰托港是最佳的选择。

英国海军原定10月21日袭击塔兰托，由于有其他紧迫任务，加之"光

辉"号航空母舰受到损伤，英海军两次推迟袭击行动的时间。袭击日期的推迟，对英国海军非常有利，因为后来意大利6艘战列舰全部停泊在塔兰托港内。

11月11日下午，英舰载机拍摄的航空照片送到航空母舰"光辉"号。这些照片显示了意舰的具体位置。当时英航空母舰"鹰"号有故障未能参战，5架"剑鱼"式鱼雷攻击机转到"光辉"号上。"光辉"号共载21架飞机，在巡洋舰4艘、驱逐舰4艘的护航下，驶抵伊奥尼亚海，距意大利海岸约170海里。

天黑后，袭击塔兰托的战斗开始，"光辉"号航空母舰的舰载机发起攻击。20时30分，第一攻击波为12架"剑鱼"式飞机，抵近目标时，4架轰炸机首先飞往塔兰托的内港上空，牵制意军，2架轰炸机向东投掷照明弹，然后6架鱼雷机对目标进行攻击，鱼雷命中了战列舰。

1小时后，英舰载机第二攻击波9架"剑鱼"式飞机以同样的战术，对意舰实施鱼雷攻击。意大利共损失3艘战列舰，而英国只损失2架舰载机。这次空袭是航空母舰舰载机问世以来首次大规模袭击港内舰艇，英海军取得完全的胜利，不仅打击了意大利的主要海上力量，有利于英国人保卫马耳他岛，而且突出地显示了舰载航空兵的巨大突击威力，使航空母舰取代战列舰成为海军主要舰种，迎来了在海上实施海空一体作战的新时期，结束了"大舰巨炮，舰队决战"的旧方式。这对后来日本决定用航空母舰舰载机偷袭珍珠港，也有一定的影响。英国空袭塔兰托的成功，以及希腊对意大利的抵抗，使英国在地中海地区的形势大为好转。

1941年上半年，为了帮助意大利改善在地中海的态势，1940年底至1941年初，希特勒派德空军约500架飞机进驻意大利卡拉布里亚和西西里，其任务是：

攻击英国海军力量，袭击英国在地中海西部和地中海东部之间的交通线，保卫德国至北非海上运输线，阻止英国运输船队通

过地中海，并空袭马耳他岛。

1941年1月6日，英国4艘运输船通过直布罗陀海峡驶往马耳他和希腊，英国H舰队2艘战列舰、1艘航空母舰、4艘巡洋舰、若干艘驱逐舰护航。同时，英国地中海舰队"厌战"号、"勇猛"号战列舰、"光辉"号航空母舰及7艘驱逐舰由埃及出航前去接护。

1月8日，英国飞机从马耳他空袭意大利那不勒斯港，炸伤意大利"朱利奥·恺撒"号战列舰。意大利飞机也对英H舰队进行攻击，英H舰队大部返航，由巡洋舰和驱逐舰继续为运输船队护航。

1月9日晚，英运输船队与前来接护的船队会合。

1月10日，德军40架轰炸机从西西里岛起飞投入战斗，重创英"光辉"号航空母舰，英舰驶往马耳他。这是德国飞机首次在地中海地区与英舰队作

激战中被击中的飞机（模拟场景）

战。

　　第二天，英国"格洛斯特"号和"南安普敦"号巡洋舰在返回埃及途中被敌机炸伤，其中"南安普敦"号受损严重，英舰被迫自行将其击沉。

　　1月16日，德空军80架俯冲轰炸机从西西里岛起飞攻击马耳他，英"光辉"号航空母舰再次被击伤，岛上码头设施和建筑物遭破坏，居民被炸死100人。德军损失飞机10架。由于德空军参战，地中海形势发生逆转，英国在地中海的交通线开始处于严峻时期。英国对中东的补给靠绕道好望角航线，既漫长，又不安全。

　　1941年2月13日，意大利海军参谋长里卡尔迪海军上将在意大利梅拉诺会见德国海军总司令雷德尔元帅，讨论两国海军进一步合作问题。

　　由于德国对意大利施加压力，加上德方向意方提供了经德军夸大的战果报告，说德国飞机已重创英国"厌战"号和"巴勒姆"号战列舰，意大利海

⚓ 战斗机

军当局决定，由安杰洛·亚基诺海军上将指挥分舰队，包括"维托里奥·韦内托"号战列舰、6艘重巡洋舰、2艘轻巡洋舰、13艘驱逐舰，准备向英国驶往希腊的运输船队发起攻击。

3月27日，由坎宁安海军上将指挥的英国舰队驶离亚历山大港，与来自克里特岛的舰队会合。会合后，英舰队共有3艘战列舰、1艘航空母舰、4艘巡洋舰、13艘驱逐舰。

由于事先得到了情报，英军已有准备，27日8时许，意舰首先开火，双方展开战斗。下午，英国轰炸机吸引意舰的高射炮火，而以鱼雷攻击机实施超低空攻击，命中意大利"维托里奥·韦内托"号战列舰，击沉1艘巡洋舰。

双方海战持续约1小时，作战区域移至希腊伯罗奔尼撒半岛南端的马塔潘角西南100海里海域。夜战中，英舰队依靠雷达进行火控，又击沉意大利2艘重巡洋舰、2艘驱逐舰。意舰请求德国战斗机支援，但德空军没有及时参战。

此战意海军4艘巡洋舰、3艘驱逐舰被击沉，"维托里奥·韦内托"号战列舰受伤，巡洋舰群司令卡塔内奥海军少将以下3000人被歼。英方仅1艘巡洋舰受轻伤，损失2架飞机。

丘吉尔说：由于这次及时的、可喜的胜利，没有人能再向英国在东地中海的制海权挑战了。但实际上，英军并未真正掌握地中海的制海、制空权。相后，争夺海上交通线的斗争更趋激烈复杂了。

1941年5月，德空军由意大利转到希腊。1～5月，英国进驻近东和马耳他飞机600架。经过克里特岛战役，德军攻占克里特岛，英军3艘巡洋舰、6艘驱逐舰被击沉，1艘航空母舰、3艘战列舰、6艘巡洋舰、7艘驱逐舰被击伤，英地中海舰队实力受到很大削弱。从亚历山大到马耳他，英国的补给线受到德国空军的威胁，而轴心国对北非的补给线却比较安全。

1941年9月至11月，德国21艘潜艇先后进入地中海作战，同盟国地中海舰队处于不利地位。9月24日，英国一支由9艘运输船组成的补给船队由直布罗陀驶往马耳他岛，3艘战列舰、"皇家方舟"号航空母舰、5艘轻巡洋舰、17艘驱逐舰担任护航，代号为"戟"行动。

26日，意大利空中侦察发现英船队在巴利阿里群岛，亚基诺海军上将率意大利舰队的2艘战列舰、6艘巡洋舰、14艘驱逐舰出海截击，击伤英国"纳尔逊"号战列舰，击沉"帝国之星"号运输船。

11月13日，德国U—81号潜艇在直布罗陀以东25海里海域击沉英国"皇家方舟"号航空母舰，另1艘德国潜艇击伤英国"马来亚"号战列舰。11月25日，德国U—331号潜艇在萨卢姆沿海袭击英国舰队，击沉"巴勒姆"号战列舰，英海军阵亡868人。

1941年12月，德国再派空军进驻意大利。12月19日，意大利"希雷"号潜艇夜间驶进亚历山大港，炸沉英国"伊丽莎白女王"号和"勇士"号战列舰。同时，德国U—81号潜艇击沉英国"马来亚"号战列舰。这样，英国地中海舰队已无参战的大型军舰了。

在此期间，英国海军为争夺地中海海上交通线也做了很大努力，但未能挽回不利局面。

1942年上半年，德意企图夺占马耳他岛，进行代号为"大力神"行动。4月2～8日，德国空军第二军和意大利空军一部，对马耳他岛英军进行一周的猛烈轰炸，为夺占该岛作准备。英国2艘驱逐舰、4艘潜艇被炸沉，英国第十潜艇部队的其余潜艇被迫撤离马耳他港。

轰炸延续到5月10日，马耳他岛上的英军濒于弹尽粮绝的境地。北非英军全力以赴派运输船前往马耳他，但船只常被击沉。英国政府请求美国帮助。1942年4月20日，美国"喷火"式战斗机46架从停泊在巴利阿里群岛南部海域的美国"大黄蜂"号航空母舰上起飞，增援马耳他岛。但这批战斗机遭到轴心国飞机的不断攻击，几乎被全部击毁或击伤。

5月9日，美国"大黄蜂"号航空母舰再次向马耳他岛运送47架"喷火"式战斗机，次日，与德机展开激战，受到较大损失。希特勒与墨索里尼4月29日在德国会晤，准备于7月间以空降部队占领马耳他岛。6月23日，希特勒致函墨索里尼，要求他放弃入侵马耳他计划，墨索里尼同意推迟到秋季进行。

1942年6月13～16日，为加强马耳他和非洲防务，英国两支护航运输队

分别由直布罗陀和亚历山大出发，实施代号为"鱼叉"和"精力旺盛"护航运输行动。直布罗陀船队6艘商船由1艘战列舰、2艘航空母舰、4艘巡洋舰、8艘驱逐舰护航，在撒丁岛以南遭敌200余架飞机和意第七巡洋舰分队舰艇攻击，6艘商船中仅有2艘抵达马耳他。

亚历山大船队10艘商船由8艘巡洋舰和27艘驱逐舰护航，遭到意大利2艘战列舰、6艘巡洋舰、15艘驱逐舰截击后，大部舰船在给图卜鲁克的英军补给后抵达马耳他，14日夜间到15日夜遭到空袭。14日夜，英军飞机在塔兰托以南发现并攻击德意舰艇。15日亚历山大船队得到来自马耳他和非洲的飞机支援。16日，该船队被迫返回亚历山大。

据英方公布，英军4天损失1艘巡洋舰、6艘驱逐舰、30架飞机，德意军损失1艘战列舰、2艘驱逐舰、1艘潜艇、65架飞机。

英国与意德争夺海上交通线的斗争，主要是在马耳他岛和克里特岛附近进行的。这场斗争与北非、希腊等陆上战场的斗争有极为密切的关系。海上斗争十分复杂激烈。

地中海之战的前一阶段，英国居于优势，意大利海军受到重创。后来，德国空军和潜艇部队调到意大利，德意联合对付英国海空军，地中海的斗争形势发生逆转。在1942年6月底以前，英国海空军受到重大损失，处于不利地位，克里特岛被夺占，马耳他岛也岌岌可危，使英军海上运输补给受到严重影响，而德意对非洲的海上补给比较顺利。

大漠决斗

第二次世界大战非洲与地中海战事

克里特岛厮拼

克里特岛空降战役是第二次世界大战期间的大规模空降战役之一。克里特岛空降战役历时12天，以德军占领克里特岛而告终。在此次战役中，由于德国空降部队损失巨大，因此克里特岛被称为"德国伞兵的坟墓"。德军攻占克里特岛后，控制了爱琴海和地中海东部航线，使其东南欧陆上交通线得到了可靠的保障，并使英国丧失了地中海内最重要的据点。

希特勒下达
"水星"计划

希特勒和墨索里尼征服希腊后，克里特岛便成为希腊国王和政府最后的立足之地以及各兵种部队的重要收容所。

德、意法西斯正虎视眈眈地盯着这个岛屿。

克里特岛是希腊最大的岛屿，位于地中海东部，东西长250公里，南北长12公里至60公里，总面积为8336平方公里。它在地中海的各项事务中具有重要的战略地位。是北非和马耳他岛的一个重要的前哨据点。

盟军必须保有这个岛屿，才能在海上保持住补给线，支援北非，打败法西斯军队。

而希特勒也认为：

克里特是通往北非、苏伊士运河和东地中海全域的跳板。有了克里特岛，空军就能控制这些地区。

因此，保卫和夺取克里特岛就成了双方在地中海和北非战区争斗的一个重要目标。

1941年4月中旬，德国空降兵创始人库特·斯徒登中将和空军总参谋长耶顺内克向希特勒陈述了夺取克里特的计划。不久，希特勒就下达了第二十八号元首命令，即代号为"水星"的攻占克里特岛的作战计划。

英国情报机关很快就获悉了德、意即将从海上和空中进攻克里特岛的情报。丘吉尔立即电告英国中东战区司令官韦维尔将军，要求他加强战备，坚

守该岛，做好对付德国空降兵的准备。

接着英国总参谋部下令任命弗赖伯格将军为克里特岛驻军司令。

勇敢善战的弗赖伯格将军是新西兰人。在第一次世界大战中，由于战功赫赫，从一名中尉排长被提升为旅长。反法西斯的第二次世界大战爆发后，他担任了新西兰师的师长，而且屡立战功，身上多处受伤。荣获过维多利亚十字勋章和两条金线的殊勋勋章。

克里特岛易攻难守。岛上唯一的一条公路在北海岸，一旦这条公路被敌人切断，盟军就无法将后备部队及时调往遭受威胁的据点。从岛上的南岸至北岸，只是在斯法基亚和延巴基有一些小路，并且不适宜摩托化部队通过。

希腊克里特岛

当英军总参谋部得知敌人即将攻占克里特时，立即向岛上运送增援部队、给养和武器，特别是重炮，但已来不及了。德国和意大利的空军，从希腊及爱琴海的基地起飞，对克里特岛进行了有效的封锁，船只几乎无法通过。

特别是对唯一设有港口的北岸封锁得尤其严密。

因此，参加守卫克里特岛的英军力量非常薄弱，总兵力只有38600人，主要用于保护登陆地点。在伊腊克林有两个英国营和三个希腊营；在苏达湾附近有两个澳大利亚营和两个希腊营；在马利姆，有一个新西兰旅驻扎在飞机场附近，另一个旅在其东面，准备随时接应。

此外，岛上还有6000名意大利战俘，这又给岛上的防御工作增加了负担。

岛上的防空力量也很弱少。整个克里特岛只有16门重型高射炮，36门轻型高射炮，24架防空探照灯。

至5月初，英国在该岛上的飞机只有12架"勃来汉姆"式轰炸机、6架"飓风"式战斗机、12架"勇士"战斗机和属于海军航空队的6架"海燕"式与"布鲁斯特"式战斗机。在这些数目可怜的飞机中，大约有一半是不能用的。

德国参加攻占克里特岛的主力是第十一航空军，大约有16000人将空投着陆，另有7000人从海上登陆。

此外，第八航空军也将提供空中支援。参加作战的飞机共有1280架，其中轰炸机280架、俯冲轰炸机150架、战斗机180架、侦察机40架、滑翔机100架、"容克五二"式运输机530架。

第二次世界大战非洲与地中海战事

德空降军
攻占马拉马村

1944年5月20日6时，德国空军开始向克里特岛西部的马拉马村进行了猛烈的轰炸。

马拉马村有一个临海的小型机场和可以控制前沿的107高地，这是德国进攻的重点地区。一旦把马拉马村夺到手，德军的飞机就可以往返于克里特岛与希腊和爱琴海的基地，不断地运送部队。

德国的DO-17式轰炸机和HE-111式轰炸机首先投下了1000磅的炸弹，接着，战斗机和驱逐机低空掠过海岸，用机枪扫射英军的高炮和步兵阵地。

驻防107高地的是新西兰第五旅第二十二营。第五旅其他各营在马拉马村内固守。这里共有兵力11900人，田普迪克旅长指挥，他已完全看出，敌人打算在这里空降。

空袭过后，周围是死样的沉寂。在沉寂中，德国的滑翔机像短粗的巨鸟从空中飞降下来，无声地落到地面上。他们一架接一架地向107高地西面的塔威拉尼蒂斯河谷接近，并降落到那里。

一架滑翔机在Z3了一个急转弯后冲向目标，伴随着一声很大的音响着陆了。滑翔机跳跃了一下，便贴着满是石子的地面地向前滑行。

机内的12名德国兵由于着陆的冲击跌向前方，接着又是一次冲击，机身撞出一道裂缝，尘土钻进了机舱，手可以从裂缝里伸出去摸到地面上那些低矮的灌木丛。

先头的一个士兵一下子跳了出去，其余的也都紧跟着跳出机舱。他们是德军第一空降突击团的一个营部，营长是瓦尔特·科赫少校。

125

　　其他滑翔机从这架滑翔机的头上掠过，全部都飞高了。原来，七分钟前，滑翔机在海上离开母机后，驾驶员们不得不迎着初升的太阳飞行。

　　克里特岛虽在眼前，但因晨雾朦胧，目标模糊不清，再加上俯冲轰炸机刚刚轰炸完毕，轰炸后的烟尘使能见度变得更坏，等驾驶员们看清目标时，已经快到目标跟前了。

　　马拉马机场旁边的塔威拉蒂尼斯河的河床就是他们的空降地点。但是滑翔机的高度高了100至200米。这时，只好用力压低机头。为了不致飞过空降

❶ 伞兵部队

地点，滑翔机又不得不再飞回来。但着陆时机有的过早，有的过晚，有的甚至撞在了岩石上。

营长科赫跳下滑翔机后，急忙环顾了一下四周，这里的地形比预料的要坎坷不平得多。他连忙集结部队，准备向107高地发起攻击。

整个上午，德军飞机从3000至100米的上空向马拉马投下了大批的伞兵。

科赫少校集结好部队后，向107高地发起了攻击。107高地的周围，到处是弹坑，山坡上树木已所剩无几，有的还在燃烧，有的还在冒着浓烟。

当德军靠近阵地时，英军的火器一齐开火，德军被压得抬不起头来，有几名军官和士兵当即身亡，有的负了重伤，科赫少校的头部也中了一弹。德军无法继续前进，对107高地的攻击受阻。

但是德军对高炮阵地的攻击却已奏效。突击团的第三连在石子遍布的干枯的河床中间降落后，立即向塔威拉尼蒂斯河口两侧的英军高炮阵地展开进攻。很快占领了两侧阵地。马拉马机场西部的高炮失去了作用。

德军开始向机场发起进攻。

这一次，英军的抵抗非常顽强，德军被封锁在掩体里，第三连的连长冯·布里森中尉被英军击毙，进攻停了下来。

德军的伞兵不断地从52式运输机跳了下来。他们明白，如果不攻占马拉马机场，就无法实施机降。而伞兵们最迟在战斗的第二天必须得到紧急支援。

在德军伞兵跳伞的同时，英军组织了猛烈的对空射击，正从空中徐徐下降的德国伞兵毫无招架之力，有的在空中被击毙，击伤，有的慌乱中被挂在了树梢，成了英军的俘虏。

从东面包围马拉马的进攻失败后，德国法西斯军队只好从西面进攻。德军第一突击团的第三、第四营和团部一起，降落在塔威拉尼蒂斯河以西。

英军虽然在这里构筑了阵地，但还未进驻部队。因此，德军顺利地着陆，并且夺取了塔威拉尼蒂斯河上的桥梁，开始向马拉马机场逼近。

英军不断地从107高地向德军扫射，组成了一道道火网，德军无法通过。

敌指挥官迈思德尔刚一离开掩体，即被新西兰狙击手打中手部，瞬间，又被机枪子弹打中，负了重伤。德军在西面的进攻也失败了。

德军除了对马拉马实施空降外，还在克里特岛的首府地干尼亚附近空投了部队。这支部队是由第七空降师师长威廉·聚斯曼中将指挥的，但这位将军未能踏上克里特的土地。

在飞离雅典近郊的埃莱夫西斯机场20分钟后，由JU-52式飞机拖曳飞行的5架载着师司令部的滑翔机被一架HE-111式飞机从后面赶上，擦着滑翔机飞过。由于气流的冲击，拖曳索断了。

这些轻型滑翔机近日来一直处于烈日暴晒之下，拖曳索一断，它就突然竖立起来，机翼因负荷过重而折断。于是，机身失控进入螺旋，撞毁在离雅典不远的伊纳岩礁上，这位空降师师长当即身亡。

为了夺取英军的高炮阵地，德军出动了两个连的兵力，但德军一进入目标，英军就以猛烈的炮火进行抗击，德国突击团的第二连根本无法在预定地区着陆。第一连的5架滑翔机在离高炮阵地不远的地方着陆。经过激烈的肉搏战，英军失利，高炮阵地落入德军之手。

好在卡拉特斯的要塞阵地仍在英军手里，他们击退了向克里特首府干尼亚进攻的所有德军，并且把数量可怜的坦克也用上了。

当天白天，德军没有攻下马拉马、干尼亚和苏达这三个预定目标。但形势非常危急。

克里特岛英军司令费赖伯格电告韦维尔：

> 今天情况不妙，我军受到极大压力。到目前为止，机场和海港虽然还在我们手中，但实际上是勉强维持局面。因此，形势不容乐观。

当天深夜，107高地失守。德军霍斯特·特雷贝施中尉和医务主任率领部队利用偷袭的办法，用手枪和手榴弹强攻上了107高地。

　　费赖伯格没有及时组织部队进行反击，失去了夺回107高地的战机。到次日凌晨再进行反击，良机已失。因为，第八航空军的俯冲轰炸机、战斗机和驱逐机已经完全掌握了克里特的制空权。

　　随后，德军的飞机穿过英军的防空火力网，在狭窄的跑道上着陆。英军的炮弹虽然击中了一些飞机。但一架接一架满载山地作战部队的运输机在降落，一批又一批德、意军队从机内涌出。

　　克里特岛虽未被德军完全占领，但英军已经没有了胜利之希望，摆在他们面前的唯一出路就是撤出克里特岛。

　　5月26日夜，费赖伯格拍电报告诉韦维尔：

　　　我很痛心，不得不向你报告，我认为在我的指挥下，防守苏达湾的部队已经到了人力所能忍受的极限了。无论各位总司令根据军事观点作出什么样的决定，我们这里的阵地是守不下去了。

　　27日夜，韦维尔电告丘吉尔，要求撤出克里特岛。他在电报中说："我认为克里特岛的局势已经到了最严重的关头。干尼亚前线已经崩溃，苏达湾看来最多不过能再保持24小时，伊腊克林的部队显然也快要被包围了。恐怕我们必须承认，克里特不能再守下去，部队必须尽量撤出。"

英国舰队
退守亚历山大港

　　1944年5月22日，爱琴海的东方升起一轮火红的太阳，在伯罗奔尼撒半岛的阿尔罕斯、迈肯尼、莫拉沃依野战机场，几百架纳粹飞机的发动机发出了轰鸣。

　　俯冲轰炸机、战斗机、驱逐机进入了起飞位置。德国航空兵怀着少有的恐惧和不安心情等待着起飞命令。

　　自从克里特战役开始以来，英国地中海舰队司令安德鲁·坎宁安一直率领他的舰队在克里特以西视野以外的海域游弋。

　　由于德军掌握了制空权，地中海舰队没办法用他们舰上的重炮介入岛上的战斗。

　　德国和英国的最高统帅部有一点是一致的，他们都认为，光靠空降部队无法占领防守顽强的克里特岛，必须从海上解决后勤补给问题。因此，德军从海上向克里特岛运送物资。而英国则从海上进行封锁，攻击德军运输船只。

　　5月21日深夜，英国的舰队向克里特岛的北岸靠拢。在那里，他们截住了由20艘运输船只组成的船队。英军的巡洋舰和驱逐舰一齐开炮。

　　两只机帆船中弹起火，满载弹药的小型货船也燃起了熊熊大火。其余船只见势不妙，落荒而逃。这一仗，大约有四千名士兵和他们的船只一起葬身于海底的藻丛之中。

　　德军恼羞成怒，他们要出动飞机，轰炸英国军舰，打通海上通道。

　　德军第二"殷麦曼"俯冲轰炸机团团长奥斯卡·迪诺尔特中校神气十足

地站在机场上的一辆装甲车前。

自从战争开始后，这位德国王牌飞行员参加了对波兰的轰炸，对敦刻尔克大撤退的追击，也参加过大西洋上空的追逐战，对英舰作战有着丰富的经验。

5时30分，迪诺尔特下达了出击命令。两个俯冲轰炸机大队立即起飞，他们在机场上空集合后，向东南飞去。在克里特以北40公里处，他们发现了英国舰只。JU-87式飞机从4000米高度向舰只疯狂地冲了过去。

英舰企图用高速蛇行机动战术规避炸弹。四周的海水涌起狂澜，海面被炸弹炸起的水柱如同一座座高塔。有时，军舰就好像在落下来的水柱里潜航一样。

"格罗斯特号"巡洋舰甲板上的上部建筑被几枚50公斤轻型炸弹击中，虽然弹片的杀伤效果比较大，但它炸不坏舰体。

"菲吉号"巡洋舰也受了轻伤。德军的重磅炸弹虽然有几颗离军舰只有几米之差，但都没有直接命中。

天刚过正午，德军飞机再次飞临舰队上空。罗林斯海军上将乘坐的"瓦斯派特号"战列舰被重磅炸弹击中，战列舰右舷的100毫米、150毫米火炮被炸坏。半小时后，"灵提号"驱逐舰被两架俯冲轰炸机击沉。"灵提号"是奉命去打沉在安迪基提腊岛附近的德国机帆船而离开舰队的。当时，谁也没有料到这一道命令却葬送了它。

为了营救幸存者，英海军派办"坎大哈号"和"金斯敦号"两艘驱逐舰前往沉没现场，"格罗斯特号"和"菲吉号"两艘巡洋舰担任对空警戒。但是，这两艘巡洋舰的弹药已差不多用完了。

德军的JU-87和JU-88式飞机乘机发起攻击。"格罗斯特号"当即中弹，烟囱之间燃起了大火，转眼之间，火势蔓延到整个甲板。这艘巡洋舰很快就不能动了，下午16时，它缓慢地转了个圈，舰体发生爆炸，然后沉没了。

"菲吉号"巡洋舰看到"格罗斯特号"沉没后，只得和两艘驱逐舰改道驶往亚历山大。因为此时已无法与舰队主力会合了。

4时30分，突然一架ME-109式飞机闪电般向它俯冲而来，炸弹在紧靠船舷的地方像一枚水雷一样爆炸。"菲吉号"的舷板被炸开一个很大的裂口，不久，轮机停止了工作，军舰严重倾斜起来。

这架ME-109式飞机通过无线电又叫来一架飞机。半小时以后，当"菲吉号"巡洋舰受到第二次攻击的时候，舰上用于防空的武器只剩下小口径高射炮了，舰上的官兵仍在英勇射击。一枚炸弹直接命中了锅炉舱，几十分钟后，"菲吉号"终于沉没了。

5月23日，英国地中海舰队因损失惨重，退回亚历山大港。这一次，英军共损失两艘巡洋舰和四艘驱逐舰，两艘战列舰和三艘巡洋舰遭重创。

英国地中海舰队司令坎宁安在发给伦敦的电报中说：

由于敌人的空袭十分猛烈，舰队白天根本不可能在爱琴海或克里特近海停留。

英国伦敦丘吉尔办公室。丘吉尔接到电报，眉头一皱，手握铅笔在克里特岛上画了一个重重的圈，然后陷入了深深的沉思。

过了一会儿，丘吉尔拨通了美国总统罗斯福的电话，向他通报了地中海舰队司令坎宁安的情况，请求美国给予一定的援助。美国总统罗斯福非常爽快地答复了他的请求，但请他给他一点时间，罗斯福说，美国永远是英国最可靠的盟友，他不会坐视德国人在那里胡作非为。

大漠决斗

第二次世界大战非洲与地中海战事

反击意大利

　　1943年7月，盟军在西西里岛的登陆迫使墨索里尼的法西斯政府垮台，8月初，隆美尔率部越过边境进入意大利北部，以支援驻守在意大利南部的德国部队。9月3日，意大利代表和盟国代表秘密签订了停战协定。9月8日，宣布意大利无条件投降。1944年6月4日，罗马宣布为不设防城市。当晚9时，美第五集团军首先开进罗马。

盟军实施
"雪崩" 作战计划

1943年5月，盟军占领突尼斯，7月10日，英美军队又在西西里胜利登陆。意大利人十分不愿意在自己的本土上发生战事，他们把意大利战败的怨恨都集中到墨索里尼身上。

7月25日，以前任总参谋长彼得罗·巴多里奥元帅为首的上层军政人员，在国王维克多·埃曼努埃尔的支持下，发动了政变，以保护安全的名义将意大利法西斯首脑墨索里尼软禁起来，其职务由巴多里奥接替。

巴多里奥政府上台后，表面上宣称将继续随同德国进行战争，实际上他已派出了全权代表卡斯特拉诺将军与同盟国一方进行了秘密接触，商议停战事宜。

西西里战役后，盟军对战争的下一步方针进行了商讨，英国首相丘吉尔认为应当进攻意大利本土，因为只有当德军在法国北部的驻军少于12个师，横渡英吉利海峡开辟第二战场才有成功的可能。

而迫使德军削减其驻法国部队的最佳方法就是进攻意大利本土，迫使意大利退出战争，使德军抽调在法国的部队接替原在巴尔干半岛的意军。

盟军地中海战区总司令艾森豪威尔也认为意大利已经到了崩溃的边缘，只需要再发动一次进攻，意大利就会投降。美国陆军参谋长马歇尔上将则坚持只有尽快进攻法国，开辟第二战场，才是迅速结束战争的最有效的途径。

经过反复协商，英美达成了协议，美国同意进攻意大利本土。但条件是只能动用地中海战区的现有兵力，而且地中海战区还必须抽出7个有战斗经验的精锐师，参加在法国北部的登陆。

作为妥协，英国保证全力参加开辟第二战场的作战，并将太平洋战场交由美国全权处置。

尽管如此，马歇尔仍担心在意大利本土登陆将严重分散盟军的力量，影响在法国北部的登陆。

因此他指示艾森豪威尔制订两个计划，一个是进攻萨丁岛和科西嘉岛的计划，另一个是进攻意大利南部本土的计划，然后从中选择一个实施。

根据这一指示，艾森豪威尔责成在阿尔及尔的美第五集团军负责制订前一个计划，在利比亚的英第五军和第十军负责制订后一个计划。

后来随着意大利与盟军秘密谈判的进展，为了能在意大利宣布投降后尽快占领罗马，经英美联合参谋长委员会批准，艾森豪威尔放弃了进攻萨丁岛和科西嘉岛的计划，命令美军第五集团军制订在那不勒斯以南的萨勒诺登陆计划，代号"雪崩"。其寓意正是希望登陆部队上岸后像雪崩一样，迅速推进攻占那不勒斯。

英军第八集团军横渡墨西拿海峡，在意大利亚平宁半岛的最南端登陆，代号"湾城"；英军第一空降师则直接在塔兰托和福贾登陆，夺取这两个重要海空基地，代号"响板"。

此外还命令美军第八十二空降师准备一旦意大利宣布投降就在罗马空降，尽速控制罗马。

8月，盟军在地中海战区已集结了地面部队40个师，作战飞机3000余架，舰艇650

英国首相丘吉尔

余艘，其中包括航母7艘、战列舰4艘、巡洋舰11艘、驱逐舰63艘、登陆舰只342艘。

盟军"雪崩"作战的战役总指挥是英国海军上将坎宁安，地面部队为美军第五集团军，司令是美国陆军中将克拉克，下辖英军第十步兵军，共计5个步兵师、1个装甲师和1个空降师，其中美军4个师。

海军由美国海军中将休伊特统一指挥，分为4个编队：

第八十一特混编队，又称南部登陆编队，由美国海军少将哈尔指挥，计有运输船18艘、坦克登陆舰30艘、步兵登陆舰32艘、坦克登陆艇6艘、炮火支援登陆艇4艘、巡逻艇12艘、扫雷艇21艘以及其他小型舰艇32艘，掩护兵力为3艘巡洋舰、17艘驱逐舰和两艘护卫舰，负责运送美第六步兵军在意大利帕埃斯图姆登陆。

第八十五特混编队，又称北部登陆编队，由英国海军准将奥利弗指挥，计有运输船8艘、坦克登陆舰9艘、步兵登陆舰4艘、坦克登陆艇84艘、步兵登陆艇96艘、猎潜艇23艘、扫雷艇7艘和拖船4艘，掩护兵力为4艘巡洋舰、18艘驱逐舰和1艘护卫舰，负责运送英第十步兵军在意大利梅奥里维耶特里登陆。

第八十八特混编队，又称航母编队，由英国海军少将维安指挥，计有航母1艘、护航航母4艘、巡洋舰33艘和驱逐舰9艘，负责提供空中掩护和支援。

H编队，又称掩护编队，由英国海军中将威利斯指挥，计有航母两艘、战列舰四艘和驱逐舰21艘，提供海上掩护，同时接应意大利海军投降，并防止意军舰队可能的倒戈行动

意大利政府秘密
向盟军投降

　　轴心国方面，意大利巴多里奥政府从8月3日起，就投降问题与同盟国开始了秘密谈判。意大利表示愿意投降，并与盟军充分合作，其海军舰队将开往马耳他，将塔兰托军港和福贾空军基地交盟军使用。唯一的条件就是，盟军必须占领意大利全境。然而盟军根本不准备在1943年占领意大利全境，因为盟军战斗机作战半径只能到达萨勒诺，没有空中掩护，盟军不敢轻易行动。因此双方陷入僵局。

　　最终巴多里奥只得要求盟军在罗马空降，帮助其控制罗马。盟军觉得罗马本来就是既定的夺取目标，便答应了这一条件，并派美军第八十二空降师副师长马克斯维尔·泰勒准将秘密前往罗马，与意军商讨具体的空降事宜。

　　9月3日，艾森豪威尔的参谋长比尔·史密斯中将与巴多里奥的全权代表卡斯特拉诺将军在锡拉库扎秘密签署了意大利投降和停战协定，双方确定在9月8日下午18时同时宣布意大利投降，意大利将所有机场、港口以及海陆交通线交给盟军支配，撤回在南斯拉夫和希腊的意军或就地解除武装。美军第八十二空降师则立即在罗马空降。

　　墨索里尼被推翻，德国这才发现，一夜之间其在意大利的驻军处境极为险恶，在狭长的意大利亚平宁半岛，德军的部署极其分散，而南部刚从西西里撤回的部队，粮弹俱缺，筋疲力尽。一旦面临盟军和意大利军队的联合打击，后果不堪设想！因此就在墨索里尼政府垮台的次日，希特勒就命令德军控制法意和德意边境的所有山隘、桥梁，并从法国和德国本土抽出数个师开入意大利北部，组建B集团军群，由隆美尔元帅担任司令，准备随时南下接应

意大利首都罗马

南部德军。统帅巴尔干地区德军的南线总司令凯瑟林元帅，下令第十四装甲军、第七十六装甲军和第一空降师组成第十集团军，由海因里希·冯·维廷霍夫中将任司令，其中第十四装甲军就是由原来在西西里的第十五摩托化步兵师和戈林装甲师组成的，部署在吉埃塔至萨勒诺一线。

第七十六装甲军则是由后来前去支援的第十六装甲师和第二十九摩托化步兵师组成，部署在卡拉布里亚。由凯瑟林直接指挥的第二装甲师和第二空降师，是德军最为精锐骁勇的部队，就部署在罗马，准备一旦意大利宣布投降，就立即占领罗马。

德军的计划是一旦盟军开始登陆，北部德军必须接应萨丁岛、科西嘉岛和意大利南部的德军北撤，然后步步为营组织防御，迟滞盟军的推进。

至1943年8月底，德军在意大利境内驻军已达17个师，而且凯瑟林对意大利与同盟国的秘密接触已有所察觉，做出了一些相应的必要准备。

德军抢先占领
意大利领土

艾森豪威尔原计划让英军第八集团军1943年8月23日在亚平宁半岛南部登陆，吸引德军注意，以掩护盟军在萨勒诺的登陆。但第八集团军司令蒙哥马利表示他目前只有能够运送4个营部队的船只，要求将登陆推迟到9月3日。

1943年8月31日，盟军出动2艘战列舰、1艘巡洋舰和9艘驱逐舰，对第八集团军登陆地区圣乔瓦尼镇至佩萨罗之间的海岸进行了预先舰炮火力准备。9月2日，盟军两艘战列舰、两艘巡洋舰和7艘驱逐舰再次对登陆地区进行舰炮准备，德军发现盟军在西西里岛集结了大量登陆工具，意识到盟军的登陆即将开始。

但德意军实力太弱，根本无力抗击盟军的登陆，凯瑟林便命令第二十九装甲师只在卡拉布里亚一带留下两个营，主力向后退却，避其锋芒。

9月3日，盟军以22艘坦克登陆舰和270艘其他小型登陆舰艇，运送第八集团军第十三步兵军的两个师横渡墨西拿海峡。在卡拉布里亚登陆，登陆部队得到了海军两艘巡洋舰和6艘驱逐舰的舰炮火力支援，此外还有英军第三十步兵军全部军属炮兵的炮火支援。盟军几乎未遇任何抵抗，意大利海防部队纷纷投降，一位随军记者甚至在报道中写道：

登陆遇到的最顽强的抵抗是一只从动物园里逃出来的美洲豹！

9月4日，英盟军第十三军开始向北推进，德军第二十九装甲师一边撤

141

退，一边凭借复杂地形实施迟滞作战，英军的推进十分缓慢。

卡坦扎罗以南的德军第十六装甲师与后撤的第二十九装甲师会合，随即合力向英军实施反冲击，一度迫使英军后退，并解救出部分被围的小股部队。英军面临的最大困难，是由于道路受到严重破坏以及船只的不足，补给物资的供应发生问题，大批物资不是滞留在西西里岛无法及时启运就是堆积在登陆滩头，难以送到需要的部队手中。因此英军的攻势在卡坦扎罗一线停滞下来。直至9月8日，英军才向北推进了25公里至50公里不等，距离萨勒诺还有70公里之遥。

9月3日，艾森豪威尔等意大利的停战协定一签订，就下令执行"雪崩""湾城"和"响板"三项计划。其中的"湾城"计划实际上已经开始实施。9月4日，美军第五集团军所属的美第六军和英第十军分别从阿尔及尔的奥兰和利比亚的的黎波里起航。

9月8日下午，德军侦察机发现盟军大批船只向北航行，尽管情况不明，为防万一，凯瑟林还是下令驻意大利德军进入最高等级的戒备状态，并命令罗马的第二空降师控制机场。随后与第十集团军司令维廷霍夫研究盟军下一步的行动，凯瑟林认为盟军可能会在罗马附近登陆，但维廷霍夫认为盟军最有可能登陆的地点是在萨勒诺，因为盟军绝对不会在战斗机作战半径之外的罗马登陆，尽管盟军登陆编队中有航母，但航母舰载机的起降受天气影响较大，不是很可靠，盟军是不会依赖航母舰载机的。而萨勒诺位于盟军战斗机作战半径的边缘，盟军性能最好的"喷火"战斗机携带副油箱能在萨勒诺活动20分钟，可以提供比较有效的空中掩护，加上萨勒诺附近8公里就有蒙特科维诺机场，约50公里外就是意大利南部最大的港口那不勒斯，可以在登陆后迅速得到海空基地。

凯瑟林被他的分析所说服，立即命令在萨勒诺附近休整的戈林师进入战斗状态，南部其他各部均作好随时增援萨勒诺的计划和准备。

美军第八十二空降师副师长泰勒见机场被德军所控制，第八十二空降师已无空降的可能，便建议艾森豪威尔取消在罗马的空降计划。

巴多里奥发现与盟军谈判的消息已经走漏了风声，而美军又不能及时赶来，便向同盟国请求暂缓宣布停战协议，但遭拒绝，只好在同盟国广播了停战协议后的一小时，也宣布了停战协议。

当晚，凯瑟林一知道意大利宣布投降，就立即下令实施代号"轴心方案"的行动，即解除意军武装的行动，在罗马的德军迅即占领了意大利各政府机关和要害部门，意大利王室和巴多里奥政府内阁成员分乘两艘潜艇仓皇逃出罗马，后来在盟军占领区成立了反法西斯政权。

10月13日，巴多里奥政府宣布加入对德作战的同盟国一方，同时美、英、苏三国发表宣言，承认意大利为共同作战方。

在意大利其他地区的德军也迅速行动，公开宣传所有意军官兵只要放下武器就可回家，意军厌战情绪已到极致，几乎全部缴械。德军轻而易举占领了意大利大部分领土，并获得了非常宝贵的意军全部运输车辆和燃油储备。

美第五集团军司令克拉克，曾在北非登陆前作为艾森豪威尔的密使与法国北非殖民地联系，颇有政治头脑和冒险精神，可惜他从未参加过实战，没有指挥作战的经验，更没有指挥登陆作战的经验了。他想不进行炮火准备，发动奇袭。但战役海军总指挥休伊特经历过北非和西西里岛两次登陆，深知不进行炮火准备的危险性，坚持要求进行炮火准备，可克拉克固执己见，根本听不进这一正确意见，休伊特只得放弃。

10月8日下午，盟军船队被德军侦察机发现，随即就遭到了德军轰炸机的猛烈空袭，好在没有损失。

休伊特认为既然已被德军发现，失去了突然性，就应当进行炮火准备了，但克拉克坚持认为德军并不知道船队的具体航向，也不知道登陆地点，仍能进行奇袭，依然拒绝实施炮火准备。伊特命令英军做两手准备，一旦遭到德军攻击，就立即进行强攻。

18时，艾森豪威尔通过盟军登陆编队各舰上的高音喇叭向全体官兵宣布意大利已经无条件投降！顿时几乎每艘军舰上都爆发出惊天动地的欢呼！士兵们普遍认为登陆作战将会非常顺利，甚至觉得迎接他们的将是意大利人民

的热情欢迎，而不会是残酷的战斗。

22时，登陆编队驶抵换乘区，运输船抛锚放下登陆艇，士兵们沿着船舷的绳网下到登陆艇，满载着士兵的登陆艇开始编队，向预定登陆海滩冲击。

9月9日凌晨，德军发现了逼近的盟军登陆艇，海岸炮火开始射击，不时在舰艇周围掀起巨大的水柱，早有准备的英军驱逐舰立即开火还击，火力支援登陆艇上的多管火箭炮也随即开始射击，掩护登陆艇抢滩。

3时10分，比预定登陆时间提早了20分钟，美军的第一批登陆部队3个别动队营就登上了麦奥里镇海滩，上岸后未遇任何抵抗，便兵分三路，向内陆前进。第一路沿公路向阿马尔非推进；第二路直扑萨勒诺；第三路夺取齐翁兹山口。

美军三路进展都十分顺利，于天亮前就占领了齐翁兹山，控制了第十八号公路。3时30分，在美军别动队右翼的英军特种突击队，在马里镇海滩上陆，镇内的小股德军用迫击炮轰击海滩，威胁着英军后续登陆艇的抢滩，英军突击队迅疾冲入镇里，与德军展开激战，德军终于不支，退出了马里镇。

在英军突击队右翼的英军第四十六步兵师，在萨勒诺以南顺利上岸，未遇抵抗，并开始向内陆推进，但沿途遭到了德军的顽强抗击，前进迟缓，未能按时攻占蒙特科维诺机场。

英军第五十六步兵师由于海军进行舰炮准备时出现了失误，炮击的海滩并不是预定登陆的海滩，只得将错就错，在炮击海滩登陆。

尽管上岸时没有伤亡，但整个海滩地形复杂，根本无法组织卸载，海滩上一片混乱，其推进绵软无力。德军瞅准机会，出动坦克进行反击，在海军舰炮有力支援下，第五十六师才免遭厄运。

英军尽管进展不多，但由于在登陆前进行了有力的舰炮火力准备，伤亡很小，总体还算比较顺利，而美军由于克拉克的固执，没有进行登陆前的舰炮准备，遭到了德军的沉重打击。

美军首批登陆部队为两个加强团，乘坐登陆艇依靠雷达引导，实行严格灯火管制，一炮不发，悄然向海滩逼近。当登陆艇冲上海滩，士兵刚跳下

美英联军登陆

船，德军的密集火力已如暴风骤雨一般倾泻而下，顿时美军就死伤一片，幸存者在海滩上四下乱窜，寻找遮挡炮火的安全场所。第二攻击波的登陆艇见德军火力非常猛烈，竟然置海滩上的部队于不顾，掉头返回。

好在美军进行过针对性的战前训练，部队很快稳定下来，在军官的指挥下组织起来，开始向纵深攻击，而德军实力实在太弱，根本无力抗击美军在绝对优势海空火力支援下的猛攻，被迫逐步后撤。

18时许，美军就已夺取了登陆第二天要占领的地区，提前完成任务，只是俯视萨勒诺平原的高地还在德军控制之下。

盟军夺取
欧洲大陆首个城市

　　德军在盟军登陆的当天，立即组织反击。维廷霍夫命令第十四装甲军全力投入反击，但军长正在后方休假，指挥通信系统又由于盟军的猛烈空袭而时断时续，无法集中主力。最后只有第十六装甲师的100辆坦克和35辆反坦克自行火炮向盟军进行了反击，结果在密布河道的狭小地域，遭到了盟军海空火力的猛烈轰击，损失惨重，有60余辆坦克被击毁，只得仓皇而退。

　　维廷霍夫随即调整部署，以第十六装甲师残部和第二十九摩托化步兵师，先向英军发动有限攻势，以确保机场。等到第十五摩托化步兵师和第二十六装甲师到达后，再一起实施大规模反击。1943年9月10日夜间，德军6艘鱼雷艇对盟军登陆海域的船只进行了攻击，击沉了"罗恩号"驱逐舰。

　　11日，德军已在萨勒诺附近集结了4个师，开始了大规模反击，英军在德军猛攻下，损失惨重，仅被俘的就有1500人。美军也在德军的巨大压力下，步步后退，刚夺取不久的交通枢纽佩萨诺得而复失。

　　在德军地面部队进行强力反击的同时，德国空军也大举出动，还使用了新式武器——FX1400无线电遥控滑翔炸弹，先后击沉盟军1艘巡洋舰、4艘运输船和7艘登陆艇。盟军航母上的舰载战斗机多次起飞迎战，但性能太差，击落德机两架，自己却损失10架。

　　9月13日德军发动了更为猛烈的反攻，在德军压迫下，盟军被压缩在宽不过30公里，纵深不足10公里的狭小地区。更致命的是，德军发现了在塞勒河谷美军第六军和英军第十军结合部之间的空隙，德军当天的攻势重点就是通过这一空隙实施的。

黄昏时分，德军从这一缺口中取得了突破，逼近萨勒诺，其先头部队距离海滩仅800米，并将英美两军防线一切为二，就连克拉克第五集团军司令部都在德军的火力直接威胁之下，盟军的形势极为严峻。维廷霍夫向凯瑟林报告盟军的抵抗已接近崩溃，乐观地估计战斗即将结束。

而远在柏林的纳粹德国宣传部长戈培尔甚至命令各报刊在次日预留版面，用以报道萨勒诺的辉煌胜利。面对如此危急的局面，克拉克的信心开始动摇，命令他的参谋人员着手制订撤退计划，并通知海军中将休伊特，让海军作好接应地面部队的后撤。休伊特闻讯大惊，立即表示从技术上讲，无法让空载的登陆艇靠岸，再满载人员从海滩离开。

但军令如山，休伊特还是进行了必要的准备，由于原来克拉克的司令部是在休伊特的旗舰"安康号"重巡洋舰上，现在"安康号"因在战斗中受

德军飞机（模拟场景）

伤已驶往阿尔及尔，休伊特只得改以"费城号"轻巡洋舰为旗舰，而"费城号"吨位太小，无法安排克拉克的司令部人员，就询问北部登陆编队司令奥利弗准将，是否能够接纳克拉克的司令部。

奥利弗一听，就说在德军火力威胁下登船撤退，完全是自杀行为。

英军第十军军长也赶来向克拉克询问，其虽然是克拉克的下属，但毕竟是友军，见亲自前来，克拉克只得表示撤退计划是万不得已之时才采取的应急措施。

克拉克对德军的攻击深感担忧，接连向艾森豪威尔和第八十二空降师师长李奇微少将求援。盟军地中海战区也竭尽全力支援萨勒诺，在艾森豪威尔的指示下，海军两艘旧式战列舰从马耳他紧急起航，驰援萨勒诺，另有两艘新式战列舰随时待命出发。

空军停止了对德军后方战略目标的空袭，全部力量均用于对萨勒诺的直接空中支援。陆军更是将所有机动力量都调往萨勒诺，在西西里休整的美第三步兵师，被火速投入萨勒诺，作为战区战略预备队的第八十二空降师，临时更改了空降计划，在萨勒诺空降。

第八十二空降师原来接受的任务是在罗马空降，9月8日已经做好了一切战斗准备，但由于罗马机场被德军控制，这一计划被取消。

9月11日，李奇微接到了克拉克派战斗机送来的紧急求援信，信中要求李奇微将这封信作为正式命令，而且表示尽管他知道正常情况下空降作战的准备时间，但现在形势万分紧急，要求第八十二空降师务必在当晚空降到登陆滩头。

为了防止再次发生类似西西里空降中的误击悲剧，克拉克特意明确将在空降地点用点燃的汽油桶摆放成T字形，作为标示。

第八十二空降师此时充分显示出了一支训练有素的精锐之师的高超战术素养，仅用8小时就完成了一切作战准备。

以第五〇四团又一个工兵连为第一梯队，计划11日夜间在比斯士姆地区空降，攻占阿利诺维山；以第五〇五团又一个工兵连为第二梯队，12日夜间

148

也在比斯士姆地区空降，加强地面部队的防御力量；以第五〇九团的第三营为第三梯队，14日夜间在阿维利诺镇空降，破坏德军后方交通和通信，尽一切努力阻挠德军后续部队的机动。

空降部队由美军第六十四运输机大队负责运送，起飞机场是西西里岛的利卡塔机场，空降距离320公里。11日夜间，第八十二空降师的第一梯队在T字火光信号引导下准确在预定地点着陆，然后于拂晓前攻占了阿利诺维山。

12日夜间，第二梯队也顺利空降，着陆后迅速夺取了附近的有利地形，增强了登陆场的稳定。14日夜间的第三次空降，由于烟雾弥漫，飞行员未能发现T字信号，致使偏离了预定空降地区，第五十九团的第三营着陆地点在远离目标32公里的山区，而且散布面积达到了25平方公里。

部队没能及时集合起来，只得以小股在敌后活动，对德军后方交通进行袭扰，战斗中营长受伤被俘，全营伤亡96人。

就在第八十二空降师以空降方式增援萨勒诺的同时，盟军航空兵对德军进行了三天不间断的猛烈空袭，使德军遭受了重大伤亡。

9月14日，德军几乎拼尽全力发动总攻，盟军滩头上的所有卸载工作都被迫中止，全力以赴投入战斗，甚至将司机和厨师等勤杂人员都武装起来，参加战斗。

德军攻势异常凶猛，几次都险些突破盟军防线，盟军停泊在萨勒诺湾的军舰提供了强有力的火力支援，其猛烈而准确的舰炮射击多次瓦解德军攻势，并造成了德军惨重的损失。但盟军的军舰也由于德军航空兵的攻击和水雷阻挠，在这几天的战斗中，有两艘驱逐舰被击沉，一艘战列舰和两艘巡洋舰遭重创，4艘巡洋舰被击伤。傍晚，德军终因损失巨大，停止了进攻。15日，海滩的形势已经逐渐稳定，盟军的登陆场基本得到了巩固。

16日，德军仍不甘心失败，整顿部队实施最后一击，结果在盟军优势海空火力的轰击下，再告失利。维廷霍夫只得向凯瑟林请求撤退。

凯瑟林本来就知道单凭第十集团军根本不可能消灭拥有优势海空支援的盟军登陆部队，他原意只不过是拖延一点时间，好让卡拉布里亚的第七十六

装甲军安全撤退。

　　维廷霍夫的表现已经超过了他的预期，第七十六装甲军早已安全撤回，而意大利军队也已被解除了武装，罗马也还在德军手中，已经足够了。所以他立即同意第十集团军后撤请求。

　　同一天，从卡拉布里亚北上的英军第八集团军终于推进到萨勒诺地区，与美第五集团军会师。17日，德军开始有秩序地撤离萨勒诺地区，沿途对桥梁、公路都进行了卓有成效的破坏，埋设了大量地雷和爆炸物，还以坚强

抵抗的德军士兵（模拟场景）

的后卫部队不时借助有利地形，实施阻滞作战。因此盟军的推进速度极其缓慢，"雪崩"变成了"蜗牛"。

9月22日，盟军一部在巴里附近实施登陆，以求合围阿尔塔穆拉地区的德军第一空降师。

德军第一空降师为避免遭到包围，主动撤过奥凡托河。英军继续推进，并不断加强对德军的攻势，终于夺取了重要的航空兵基地——福贾机场，这样盟军就可以从该机场起飞战斗机掩护轰炸机对德国最重要的战略目标，位

于罗马尼亚的普洛什蒂油田进行空袭。

9月28日，英军进抵梅尔菲，压迫德军第一空降师逐步后撤。维廷霍夫随即将第二十九摩托化步兵师调到贝内文地区，以接应在盟军巨大压力下步步后撤的第一空降师。

直至10月1日，美第八十二空降师才进入那不勒斯，夺取了盟军在欧洲大陆的第一个大城市。

同一天，德军第一空降师福尔托莱河防线被突破，而且一支英军精锐部队——戴着红色贝雷帽的特种部队，在泰尔莫利地区登陆，从侧后包抄了该师，德军第十六装甲师急行军150公里火速赶来支援。

很多坦克都在高速长途行军途中损坏，但经过猛烈反击，终于将实力已经遭到严重削弱的第一空降师救出困境。

德军能以区区几个师的兵力一再阻止盟军的推进，相当重要的原因是英军第八集团军司令蒙哥马利在兵力使用上的特别谨慎，在盟军具有绝对空中优势和兵力对比优势的有利情况下，通常在第一梯队也只投入4个师，无法形成压倒性的优势。

10月6日，盟军到达康波巴索、特尔莫利和那不勒斯以北。盟军进入意大利，标志着欧洲的全面反击已经展开，德国法西斯的战线逐步收缩，世界反法西斯的胜利已是指日可待。

盟军首次实施
两栖登陆作战

就在"雪崩"作战如火如荼之际，盟军的"响板"行动也开始了。

英军原准备以第一空降师在意大利南部的重要海军基地塔兰托空降，以夺取这一重要港口。但由于缺乏运送部队的运输机，只得改以搭乘军舰从海上直接驶入港口，这一计划似乎非常冒险，但为了能够夺得塔兰托，也是必要的。1943年9月9日，盟军组织了一支舰艇编队，运载英军第一空降师的6000名精锐官兵，直扑塔兰托。

出乎意料的是，英军根本没有遭到任何抵抗，非常顺利地上岸，轻而易举地夺取了这一重要海军基地和港口。

唯一的损失是在1943年9月10日，英军的快速布雷舰触雷沉没，舰上所载的400余官兵大部丧生。该舰所触到的水雷是在意大利宣布投降的当晚，德军停泊在塔兰托的两艘鱼雷艇害怕被意军俘虏，趁夜逃离，就在离开塔兰托的时候，德军在港内布设的，而且未被发现。

至9月底，盟军的"雪崩""湾城"和"响板"三项计划均达成了预期目标，盟军夺取了萨勒诺、那不勒斯和塔兰托等港口，控制了意大利南部地区，并迫使意大利退出法西斯阵营，加入到同盟国一方。

但在意大利南部的德军第十、第十四集团军都未被消灭，这两个集团军于11月初合编为C集团军群，由凯瑟林指挥，主动后撤到加里格里诺河和桑格罗河一线，构筑了坚固的"古斯塔夫"防线，阻止了盟军的北进。

而且，德军特种部队于9月21日将关押在意大利中部阿布鲁齐高山的墨索里尼解救出来，并扶植他在意大利北部成立了傀儡政府，继续进行战争，直

美军两栖登陆士兵（浮雕）

至1945年5月纳粹德国投降。

　　根据与同盟国的停战协定，意大利海军的所有军舰，包括船员和武器必须转移到盟军控制下的港口，意大利海军忠实执行了这一协定。

　　先后共有6艘战列舰、1艘水上飞机母舰、9艘巡洋舰、9艘驱逐舰、8艘护卫舰、33艘潜艇和14艘鱼雷艇驶入盟军控制下的港口。在舰队转移途中，意军有1艘战列舰和2艘驱逐舰被德军击沉。另有2艘巡洋舰、3艘驱逐舰和5艘鱼雷艇因为锚泊于德军控制的港口，无法离开只得自行凿沉。

　　此外意大利投降后，萨丁岛的德军于9月10日，与意大利游击队达成协议，德军共计27300名官兵、2300余辆车辆和5350吨补给品以及1200名战俘渡过博尼法乔海峡经科西嘉岛，再经巴斯提亚，最后到达里窝那和厄尔巴岛。

在撤退过程中，德军有5艘运输船被美军飞机炸沉，2艘油船以及运输船、布雷舰、护卫舰各一艘被英军潜艇击沉，还有一艘布雷舰触雷沉没。

自由法国的部队在得知科西嘉岛德军撤退后，即以潜艇、驱逐舰、巡洋舰和坦克登陆舰先后运送7100余人、1000余吨补给物资以及40门火炮和120辆车辆，登上科西嘉岛，在当地意军配合下收复该岛。

盟军意大利南部战役发起的时机，是意大利宣布投降的同一天，完全可以实施里应外合的夹击，使德军陷入腹背受敌的困境。但盟军没有及时抓住这一极其有利的战机，给予士气低落而且战斗力较差的意大利军队以必要支援，坐视意军被德军一举解除武装。而登陆行动中又过高估计了自己的实力，结果上岸后的推进非常缓慢，原计划3天攻占的那不勒斯足足花了21天，还付出了伤亡12000人的巨大代价！而意大利南部的德军也逃脱了盟军的打击，给以后的意大利战局造成了非常不利的影响。

反观德军，尽管处在十分危急之中，又处于绝对海空劣势，但在萨勒诺给了盟军狠狠一击，险些将盟军赶下海，然后全身而退，退守"古斯塔夫"防线。

意大利南部战役是盟军自1942年8月以来首次在德军的防御阵地实施的强行登陆，也是盟军在欧洲大陆实施的第一次大规模两栖登陆战。这次战役迫使意大利退出战争并向德国宣战，标志着法西斯轴心国的解体，是国际反法西斯战争的一大胜利。

大漠决斗

第二次世界大战非洲与地中海战事

营救墨索里尼

　　1943年7月9日，英美联军在西西里成功登陆，兵锋直指意大利。随后，意大利本土遭到盟国空军的猛烈轰炸，损失惨重，各地接连发生骚乱事件。7月24日，意大利国王埃曼努埃尔撤除墨索里尼一切职务，将其押送大萨索山。希特勒听到这一消息，立即拟定了一个营救墨索里尼的计划，并在不到两个月的时间内，潜入意大利成功地救出了他的这个盟友。

墨索里尼
成为阶下囚

1921年，贝尼托·墨索里尼成立了法西斯党。翌年，当上了意大利元首。

第二次世界大战爆发时，意大利见法军节节败退，英法联军明显处于劣势，于1940年6月10日站到轴心国一边，对英法宣战。

同年10月28日，墨索里尼不顾政府和军方大多数人提出的"准备不足"的忠告，进兵希腊，遭到希腊军队的英勇抵抗，损失惨重。

墨索里尼

1941年又向苏联派出军队，欲重振国威，但没取得理想的效果。

1943年5月，英美联军在突尼斯战役中全歼德意30万大军，占领北非。随后，英军实施"肉馅"计划，在骗过了希特勒的最高统帅部后，英美联军于1943年7月9日在西西里成功登陆，兵锋直指意大利！

随后，意大利本土遭到盟国空军的猛烈轰炸，损失惨重，各地接连发生骚乱事件。迅猛而来的这一切将意大利人

惊呆了，失败情绪笼罩全国，局势动荡不安。最终，一场来自法西斯党内的保皇主义者所策动的政变不可避免地发生了。

在混乱之中，陆军总参谋长安布罗西奥将军认为，要想把意大利从崩溃中拯救出来，只有更换元首。意大利国王埃曼努埃尔三世对内外局势忧心忡忡，也曾考虑要墨索里尼卸任。在法西斯党内部也有些人指责墨索里尼作为党的领导不得力，想要追究他的责任，解除他的职务。

1943年7月24日夜，法西斯党最高委员会召开会议。墨索里尼在他作为独裁者的生涯中，第一次发现自己由于把国家引入战争而成为猛烈抨击的对象。委员会最终以19票对8票通过了一项决议：恢复有民主议会的君主立宪制；军队的全部指挥权重新交还给国王。

对于墨索里尼，这无疑是一场噩梦，然而噩梦却并未就此停止。

翌日，国王埃曼努埃尔召见墨索里尼，告知他被撤除一切职务，随后，被装进一辆救护车押走。到此，墨索里尼才如梦方醒，明白自己成了阶下囚。

墨索里尼几经周转被押送大萨索山。

希特勒实施
"橡树计划"

柏林，1943年7月25日夜，帝国总理府。

希特勒和他的军政要员们听到来自罗马的消息后震惊异常，然而令人奇怪的是，希特勒很快镇静下来，他一反常态以极其冷静的口吻下令，立即占领意德边境和意法边境阿尔卑斯山的所有山口。

为此目的，从德国和法国南部迅速集结一个德国师，组成B集团军，由精悍的隆美尔指挥，随时准备开进意大利。

7月27日，下午16时，最高统帅部收到来自罗马的消息：意大利国家法西斯党被解放，实行全国戒严，战争结束前禁止一切政治活动。

听到这一消息，希特勒惊呆了，他知道，如果在意大利没有一个法西斯政府，就不能减轻德国人负担，并且不能帮助保卫那条很长的供应线，防止意大利游击队的骚扰。

一小时后，希特勒召集纳粹军政要员，商讨对付意大利的行动计划。他用拳头猛烈地捶着桌子，气急败坏地要大家立即拟定一个营救墨索里尼的计划。于是，"橡树计划"出笼了——派突击队把墨索里尼从深渊中救出来，使他重掌意大利政权。

鉴于任务的重要性，希特勒亲自点将，由奥托·斯科尔兹内来指挥这支由50人组成的突击队。

奥托·斯科尔兹内，1908年出生在奥地利，父母均是知识分子，受家庭环境的熏陶，他自小对哲学充满了热情，尤其是尼采更使他入迷。

1936年，当他只身来到德国莱比锡准备进大学读书时，希特勒那些充满

激情、极具诱惑力的演讲完全使他臣服了。怀着对纳粹主义的深厚信念，他加入了党卫队。在战争中，他成功地指挥了一次又一次的突击行动。

冒险，成了他的特殊嗜好。希特勒亲自召见了他，一见面希特勒即开门见山地说："要交给你一项极重要的任务。我们军事上忠实的盟友墨索里尼，遭到意大利国王的出卖，以致被本国人囚禁起来了。"

接着，希特勒又说及了意大利内部正准备秘密投降的内幕。由于一场交涉，意大利政府准备在盟军登陆该国之前，放下武器投降。

"不过，这种交涉附带有一个条件，那就是意大利必须把1922年以来统领意大利的墨索里尼囚禁起来。对于我来说，墨索里尼乃是古罗马的光荣化身，我绝对不能背弃他。我们必须尽快地把墨索里尼救出，否则他会落入盟军之手的。"

讲到此时，希特勒突然停下来，好像要给斯科尔兹内充分的时间理解似的。随即他又说："我命令你去完成这一项任务，你可以使用任何手段。这么一来，不怕不会成功的。不过我要再三叮嘱你，那就是保守这项使命的秘密。细节方面请你和陆军空降部队司令当面洽商。"

想起落在肩头的重任以及它会带来的后果，斯科尔兹内感到一阵头晕。

步出了希特勒的房间之后，斯科尔兹内顿时感觉饥肠辘辘。

这也难怪，他已好几小时未进食了，他命令卫兵去弄一些吃的来。

然而，当他才吞下第一口时，一名空军军官突然进来说："库尔特·斯徒登特将军有请。"斯科尔兹内只好放下碗，走了出去。于是，营救墨索里尼的战斗展开了。1943年8月1日，希特勒得到情报，墨索里尼被囚在万托特纳岛上。

8月14日，墨索里尼已被转移至另一个岛，在离撒丁岛北端不远的马达累纳岛上。希姆莱立即于当天晚上召见了斯科尔兹内，他们制定了周密的计划："派遣驱逐舰和伞兵进攻该岛，同时让斯科尔兹内的突击队空降到具体地点营救墨索里尼。"

但是这一计划还未得以执行，墨索里尼又被转移了。

9月3日，盟军在靴形的意大利南端登陆。当天晚上，巴多里奥政府与盟军秘密签订了停战协定。根据该协定中一个秘密条款的规定：墨索里尼必须交给盟军处理。两天以后，墨索里尼被偷偷地带到了亚平宁山脉最高峰——大萨索山顶上的一家旅馆里监禁起来。

9月6日上午10时，希姆莱就从他手下的情报人员发来的电文中得知了墨索里尼的下落。当天下午临近黄昏时分，斯科尔兹内中校在接到希姆莱送来的消息后，带着一名精通空中摄影的突击队员，由他亲自驾驶一架侦察机，飞往大萨索山山顶上空察看地形。

天公不作美，当斯科尔兹内的侦察机飞临大萨索山时，正巧碰上大片的乌云在山顶上空。不得已，他只好让飞机在空中做盘旋飞行，等待乌云飘过。时间一分一秒地过去了，往日风云突变的大萨索山峰这时却显得异样的平静，10分钟后眼看着太阳就要沉下，不能再等了，侦察机油表上的读数显示油料已经维持不了多久。

斯科尔兹内内心中一个疯狂的念头一闪而过，他迅速地目测了一下山顶和那片乌云之间的距离，大概有800米左右，这时他稍稍地拉高了一点飞行高度，掉转机头，往山顶缓缓地俯冲下去。

在距离山顶不足500米的时候，他果断地关掉了飞机引擎。一瞬间，飞机穿过了乌云，悄无声息地在山顶上空200米的高度滑翔而过。

被斯科尔兹内的疯狂举动惊得直冒冷汗的突击队员迅速拍下了几张山顶的照片。

9月7日，柏林郊外，突击队营地。几幅放大了的照片摊在桌上，看上去异常清晰：矩形的。不足一个足球场大小的山顶上，四座钢筋混凝土暗堡封锁了唯一能直达山顶的一条缆车铁路。

在此路口后大约40米的斜坡上，一幢三层楼高的旅馆里就囚禁着墨索里尼。旅馆前面有一片面积不大，但较为平整的草坪，一直延伸到悬崖边。

斯科尔兹内两手扶桌，眉头紧皱地审视着山顶地貌，脑海中闪过电影似

的战斗场面。最后，他断然决定采取空中突袭——用滑翔机运载突击队，进行突然袭击，以迅雷不及掩耳之势制服意大利宪兵警卫队，然后用一架经过改进的、大功率的小型"费赛勒"怪鸟式飞机把墨索里尼带走。

这样一个绝无先例的作战计划，其危险程度之大是可想而知的，它的成功率，用斯科尔兹内自己的话来讲，不足50％，但却是唯一可行且最为有效的办法了。

第二天下午，一架运输机满载全体突击队员往意大利北部飞去，驻扎在那里的德国Ｂ集团军司令隆美尔陆军元帅已做好了迎接准备。

晚上22时许，隆美尔的作战指挥室里，隆美尔手执他那从不离身的权杖注视着斯科尔兹内的突击队，只见突击队员们挺立在那里，一个个手里都端着折叠式冲锋枪。

背囊里，枪榴弹4发、特种枪管各一支。腰插8.5毫米手枪一支。另外，每人还各携高爆定时手雷6枚，特种多用匕首一把。整个突击队每5人一组被划为十个战斗单位，每小组有反坦克火箭筒一支，火箭弹十发，并且配备短距无线对讲机两台，所有装备一应俱全。

随后，隆美尔宣读了元首的手谕："只能成功，不能失败！"

希特勒

德突击队
成功实施营救

对于救出墨索里尼的方法，斯科尔兹内认为：从地面展开的营救作战是行不通的，攀登险峻的岩石已很吃力，哪有余力从事作战？同时，势必为盟军所发现，巨大的损失将无法避免……

现在可行的方法有二：一是以降落伞降落山顶；二是使用滑翔机作战。

不过，根据德空军专家的意见，饭店内侧的那一块草地，欲作为着陆地点的话，仍嫌太小了。而大萨索山的海拔相当高，空气稀薄，不适合于使用滑翔机。为了对付守备饭店的卫兵，斯科尔兹内计划把200名兵力投入这场作战。然而，空军专家却说，如果使用降落伞或滑翔机的话，有20多名士兵着陆也就不错了。总之，斯科尔兹内无法改变他们的意见。

就上述的两种方法，他们考虑了一段时间，终于决定采取第二种方法。

此后，他们又讨论了有关计划的细节。

首先，他们慎重地测定距离，决定作战的官兵该带哪一种武器。尤其是要使12架滑翔机正确地着陆，非制订周密的计划不可。

包括驾驶员，每一架滑翔机将搭载10名官兵。必须使各组能独立作战。斯科尔兹内决定搭乘第三架滑翔机，如果第三及第四架的人员展开直接攻击的话，那么先行着陆的两架滑翔机人员，可以援助。

斯科尔兹内的计划是大胆的，他准备用一部分滑翔机进攻并救出墨索里尼，其余滑翔机用来载运伞兵在山谷降落，攻占缆车站台，阻止意军向山峰增援，然后用一架轻型飞机在悬崖顶部降落，将墨索里尼送到山脉西部低地的阿奎拉机场，在那里换乘一架亨克尔轰炸机，将其送到希特勒的统帅部。

斯科尔兹内带18个突击队员，其余担任进攻的人员，包括空降夺取缆车站台的人员在内、斯徒登的另一支伞兵部队将乘车去攻占阿奎拉机场。

斯科尔兹内于1943年9月12日中午搭机起飞。他本来打算在早晨山上气流较稳定时起飞，但滑翔机未能到达。

滑翔机当时仍在里维埃拉的途中，为了避开盟国战斗机的袭击，这些疲劳的飞行员作了几次费时的长途迂回飞行，才于11时驾着飞机和滑翔机降落在罗马附近的普拉特克德马雷机场，随即接到攻击的命令。

起飞时间定于下午13时。在起飞之前半小时，盟国轰炸机对机场进行了一次猛烈袭击，滑翔机无一损伤，只是在跑道上留下几个弹坑。

斯科尔兹内按时起飞，但当飞机在1500米穿出云层时，他发现前面两架滑翔机已不见。这就意味着，在他着陆时将没有人进行掩护。由于各机之间没有通信联络，飞机和滑翔机一旦升空就无法改变计划。

斯科尔兹内发现他在滑翔机内的位置视界不好，就抽出匕首将两腿之间的布质舱底割开一个洞，他不时地弯下身子观察地面，并将所见情况大声告诉驾驶员。当把驾驶员引导到预定山顶后，告诉驾驶员使滑翔机脱钩。于是，他们就从300米高空穿过冰冷的大气盘旋下降，其余滑翔机尾随在后。

驾驶员转身看斯科尔兹内，露出惊疑的神色。他不相信所看到的就是预定着陆场。斯科尔兹内又检查了一遍，然后向驾驶员喊道："是这个着陆场！"

进场时，斯科尔兹内发现，这一降落场的坡度比预料的还要陡些，而且上面还到处有岩石和松动的鹅卵石。"我们已在山谷上空，作战地域已近，戴上钢盔，准备战斗！"斯科尔兹内命令道。

饭店已进入视野，透过机窗找到那块计划降落的三角形草地，然而斯科尔兹内全身僵硬了。他瞪大眼睛看着那块三角地，那是一块非常险峻的倾斜地，乱石满地，一个落脚的地方都没有。

飞机在这里降落成功的可能性太小且有机毁人亡的可能，怎么办？

斯科尔兹内快速地考虑着。既然来了，就不能空手回去，最后他坚定而

大声地下达着命令："强行着陆，越靠近饭店越好！"

斯科尔兹内乘坐的滑翔机右翼倾斜了下去，机体急速地下降了，驾驶员为了减低滑翔机的速度，使用了机尾的降落伞，机体强烈地抖动着，好像喝醉了酒一般。最后，斯科尔兹内乘坐的滑翔机第一个歪斜着降落于草地上面。由于强烈的抖动，机体的底板破裂了，甚至连机壁也裂开了缝。

驾驶员打开了滑翔机的减速装置并拉杆使之减速，于是滑翔机沉重地落在这块岩石着陆场上，滑到离饭店墙壁很近处停了下来。另三架滑翔机降落在他后面。这三架滑翔机在滑过岩石时，机翼被撞坏，各机人员集结在一起，无一人受伤。

但另一架滑翔机因未找到着陆场，撞毁在丛林和岩石上，人员损失惨重。其余5架滑翔机向山谷和缆车铁路站台滑去。在飞机尚未停稳之际，第一位突击队员跳出了滑翔机，携着冲锋枪，一路跑了出去。斯科尔兹内也跟着冲出。

滑翔机停留的地方离饭店不到15米！四周是凹凸不平的岩地，滑翔机碰到了石头有些地方已损坏，然而，岩石也起到了制动作用，使飞机能够在极短的距离内牢固地停下来。斯科尔兹内拿起了武器，弯着腰一路向饭店跑去。

饭店的旁边站立着一个意大利哨兵，他看见了这一只庞大的"飞鸟"之后，惊讶得说不出话来，想不透这只巨鸟是从哪儿飞过来的。至此，他们还不曾发射一枚子弹。

事先，斯科尔兹内叮咛自己的部下，不到万不得已不许开枪，否则很难达到奇袭的目的。

这一措施很对，他们在尚未惊动意大利守兵的情况下就已抵达了饭店，吃惊不小的哨兵瞪着眼睛看着他们，但却没有任何的反抗。"举起手来！"斯科尔兹内大声地喝道。

此时，几个意大利士兵正在摆弄着无线电发报机。斯科尔兹内带人冲上去，干掉士兵，敲碎无线电机。然后一直杀到了饭店正门，冲到了饭店的墙

被救出来的墨索里尼（左三）

角。

  在离墙角3米之处凸出着一个楼台，一个士兵弯下身子，斯科尔兹内踏上他的背部，跳上楼台，来到第二层走廊，其他的士兵紧跟其后。喘了一口气之后，斯科尔兹内仔细搜索着，透过窗子，这时他看到了一张很熟悉的脸孔，此人正是墨索里尼！

  墨索里尼用德语喊道："快离开窗口，太危险了！"然后，便看不到他了。

  德兵拥成一团，冲进饭店里面，刚好和气急败坏地跑出来的意大利兵撞个满怀。意大利兵个个惊恐万分，德兵和意兵纠缠在一起。

  当斯科尔兹内搜寻到舞厅时，他又发现了墨索里尼，两名年轻的意大利军官看守着他。斯科尔兹内停下脚步，双方对视着，谁也不敢轻举妄动。这

时一个德军中尉从后面冲了进来，同时四周的窗口又出现了几名德国伞兵，他们是攀着避雷针爬上来的，这间屋子被包围了。

两名意大利军官只得把墨索里尼交给了斯科尔兹内。斯科尔兹内任命随行中尉为墨索里尼的新保镖。稍后一些的滑翔机陆续降落，斯科尔兹内对他们喊着："一切都很顺利。"并命令立刻在各处配备哨兵。这时随后而来的第八号滑翔机在即将着陆之际，被上升的气流袭击，机身猛烈地振动起来，接着如一块石头，垂直地坠落下来，机身几乎被摔碎，10名士兵都负了重伤。

斯科尔兹内冷静地想，必须想办法使意大利士兵停止抵抗，否则事态继续发展，对德突击队的命运必有威胁。于是他走到大门处，以不太流利的意大利语大叫着说："我要会晤司令官，请出来面谈！"

意军有名秃头上校走了出来。

斯科尔兹内大声喊着："请阁下投降吧，墨索里尼已在我们手里，建筑物也被占领了。如果阁下想避免无谓的流血牺牲，请考虑，是否投降？"

说完了这一段话之后，斯科尔兹内一面等待回话，一面向窗外察看，注意意大利士兵是否有所举动。然而他的顾虑是多余的，意军上校很快便宣布投降了。他端了两杯红葡萄酒，走过来，简单说了一句："向胜利者干杯！"斯科尔兹内向他表示感谢之后，接过了酒杯。

外面响起了一阵喊叫之声，不知谁把白色的床单挂在窗边，通知外面的德军，意大利军已全部投降了。饭店完全被德军占领了。

斯科尔兹内和墨索里尼碰面之时终于来了。墨索里尼很久没有刮胡子了，穿着一件蓝灰色的宽松大衣。然而，脸上却呈现着喜悦之色。

斯科尔兹内以立正的姿势，郑重地向墨索里尼报告："阁下！元首派遣我来解救您，您自由了！"

墨索里尼颇为满意地说："阿道夫·希特勒绝不会弃我于不顾的！"

然后，他紧紧拥抱着斯科尔兹内。两人又谈了几分钟，然后斯科尔兹内命令手下解除了意大利守备队的武装。

现在剩下的问题是把墨索里尼从山顶送到希特勒那里。斯科尔兹内未能用电台与阿奎拉机场取得联系，从而未弄清营救用的飞机是否确实等在那里。他按预定计划呼叫一架轻型飞机在下面山谷的缆车铁路站台附近降落。

飞机来了，但在着陆时受到损伤，不能再起飞。现在只有一个机会：德国的王牌飞行员格洛克上尉，他正驾驶着一架轻型观察机在山头上空盘旋。斯科尔兹内向他送出做好试降准备的信号。

每一个人，包括墨索里尼在内，都动手清除这块小小场地上撞毁的滑翔机和一块块小鹅卵石，然后格洛克试行着陆。在稀薄的空气中，飞机很快就侧滑下来，接着就在这块倾斜的着陆场上连滑带跳地停了下来，飞机并未受到损坏。下一步就是要让墨索里尼乘这架飞机飞走。但是，斯科尔兹内已经把墨索里尼掌握在自己手里，他不准备让格洛克或其他人分享荣誉。他坚持一定要随同这架飞机一起飞走。

格洛克认为一架小飞机根本不可能同时装下这两个人的重量，表示拒绝。但是斯科尔兹内和他嘀咕了一阵，格洛克意识到这一胆大包天怪人的后台是强硬人物。于是，三人爬进倾斜的着陆场顶头已做好准备的飞机。斯科尔兹内为了得到希特勒的奖赏，甘愿用他和墨索里尼的性命来冒险。

接着12个士兵从后拉住这架飞机，格洛克踩着刹车，把发动机油门加到最大。当他发出放开信号后，飞机就颤动着、吼叫着向下坡滑去。

飞机起落架的一边碰在大鹅卵石上，被碰弯。但是格洛克终于使飞机保持了平稳，随后拉起使飞机离开场地，刚离开山峰即向山下俯冲以取得飞行速度。在山谷里他成功地将飞机拉平，安全地飞到了罗马。墨索里尼和斯科尔兹内被匆忙安置在一架亨克尔飞机的座舱里向维也纳飞去，然后到达希特勒的统帅部。墨索里尼得救了。

希特勒悲喜交加，在他的统帅部设宴为墨索里尼压惊，并旋即为他重新组织了傀儡政权。然而希特勒、斯科尔兹内虽然不惜血本搭救了墨索里尼一时，但却不能搭救他的一生，不久，对世界人民犯下累累罪行的墨索里尼就被送上了绞刑架。

大漠决斗

第二次世界大战非洲与地中海战事

浴血安齐奥

　　1943年12月，英国首相丘吉尔为了在诺曼底战役前近半年时间里盟军在地中海战区有所作为，决定组织一场登陆战，这次战役就是著名的安齐奥战役。在战役初期，盟军一度到了失败的边缘。但经过将近5个月的浴血苦战，盟军终于突破了德军苦心经营的"古斯塔夫"防线，并占领了罗马，基本实现了丘吉尔的战略意图。

英军制定
"鹅卵石"计划

安齐奥是位于意大利"古斯塔夫"防线以北100公里、罗马以南45公里的一个小渔港，在战前是著名的休假胜地。

"古斯塔夫"防线，从那不勒斯以北60多公里的地中海沿岸直至亚得里亚海边的奥尔托纳，横贯意大利。

防线的中枢要点是高耸入云的卡西诺峰，这座陡峭山峰的脚下就是通往罗马的必经之路——第六号公路，德军占据着卡西诺峰，就可以居高临下封锁第六号公路，切断盟军向罗马的通路。

1943年12月，英国首相丘吉尔决定实施"鹅卵石"计划，丘吉尔将此计划比喻成一只牙尖爪利的野猫，去撕开德国人柔软的下胸腹，抓碎德国人的心脏。

整条防线到处都是构筑巧妙的混凝土工事和密布地雷的雷区，加上又凭借着天险之利，绝对是易守难攻，因此盟军在1943年9月至1944年1月4个月中，付出了数万人的重大伤亡，依然没有取得突破。

该防线由德军C集团军群凯瑟林元帅指挥，下辖第十、第十四集团军，共23个师，370架飞机。其中的第十集团军的15个师防御"古斯塔夫"正面，第十四集团军的8个师则位于第十集团军北部，作为后援，并负责肃清意大利北部的游击队，保障交通线的畅通，同时警戒意大利北部海岸。

为了突破"古斯塔夫"防线，盟军组成了以美军第五集团军、英军第八集团军和英军独立第五军组成的第十五集团军群，由亚历山大上将指挥，兵力共计19个师又4个旅。

172

亚历山大将军于1943年11月制订了代号"鹅卵石"的作战计划，准备投入一个师在"古斯塔夫"防线北面的安齐奥海滩登陆，协同正面部队突破。

但由于盟军1943年12月初对"古斯塔夫"防线发动的两次攻击均告失利，而且盟军正全力组织即将于1944年6月发起的诺曼底登陆，地中海战区的一些精锐部队和装备都被陆续调往英国。有鉴于此，美军第五集团军司令克拉克建议取消该计划，并旋即得到亚历山大的批准。

1943年12月1日，刚结束德黑兰美、英、苏三国首脑会议的英国首相丘吉尔觉得，盟军在地中海集结着优势的海陆空部队，而诺曼底登陆要到次年6月才会发动，他实在不愿意足足半年的时间里，毫无作为。

因此，他与艾森豪威尔、亚历山大、坎宁安等地中海战区将领进行商议，强烈要求盟军地中海部队采取行动，攻占罗马，解放意大利全境，威胁德国南部。

就这样，已经被束之高阁的"鹅卵石"又提了出来，在丘吉尔的坚持下，该计划的兵力由一个师增加至两个师。

但是，当时盟军地中海战区并没有能够运输两个师的登陆船只，登陆船只是战役准备的重中之重，而地中海战区是绝对不能影响诺曼底战役准备的，一时间，登陆船只似乎成为无法克服的困难。

英美联合参谋长委员会仔细研究了登陆船只的使用，丘吉尔也向美国总统罗斯福请求增派登陆船只，在罗斯福的亲自过问下，盟军重新协调了登陆船只的使用，推迟了56艘登陆舰离开地中海的时间，终于拼凑出了87艘登陆舰，勉强能够运送两个师。

但这些登陆舰只能供地中海战区使用两天，随后就将调往英国——求战心切的丘吉尔接受了这一苛刻的条件。

1944年1月8日，丘吉尔批准了"鹅卵石"计划，以两个师在安齐奥实施登陆。

安齐奥海滩沙砾晶莹松软，四周树木掩映，然而，这里即将成为血腥残酷的战场！

　　盟军战役总指挥是刚接替艾森豪威尔就任地中海战区总司令的坎宁安海军上将，登陆部队是从美军第五集团军序列中抽调出的第六军，军长是美国陆军少将卢卡斯。该军下辖两个师、一个伞兵团和5个海军陆战营，共约50000人。

　　其中由特拉斯科特任师长的美军第三步兵师和彭尼任师长的英军第一步兵师都是盟军的精锐之师，久经战阵。美第三师经历过突尼斯战役、西西里战役和萨勒诺战役；英第一师则参加过远征法国、敦刻尔克撤退和北非战役，两位师长都是深受部下爱戴的极富军事才干的将才！

　　海军由美国海军少将洛里指挥，共150余艘登陆船只和126艘军舰，分为

丘吉尔（中）和蒙哥马利（右）

两个编队。南部登陆编队由洛里兼任司令，由51艘运输船、5艘登陆舰、4艘火炮登陆艇、34艘步兵登陆艇、33艘其他舰艇和1艘潜艇组成，护航军舰为2艘巡洋舰、11艘驱逐舰、1艘防空舰、2艘护卫舰、2艘炮艇和23艘扫雷艇，负责运送美第三师在安齐奥以南滩头登陆。

北部登陆编队由特鲁布里英国海军少将任司令，由3艘步兵登陆舰、3艘坦克登陆舰、4艘火炮登陆艇、29艘步兵登陆艇、17艘坦克登陆艇、1艘火箭炮登陆艇、30艘其他舰艇和1艘潜艇组成，护航军舰为两艘巡洋舰、12艘驱逐舰、1艘防空舰和16艘扫雷艇，负责运送英第一师在安齐奥以北滩头登陆。

空中支援力量为700架作战飞机。此外，还有美军第四十五步兵师和第一装甲师、英军第五十六步兵师作为第二梯队，准备在第一梯队登陆成功后上岸扩张战果。

德军认为，盟军根本没有力量在进攻"古斯塔夫"防线的同时组织侧后登陆，所以在安齐奥一带部署了一个工兵营，兵力极其空虚。后来干脆还在盟军登陆前的数小时，取消了这个工兵营的戒备状态。

但在德军诸多杰出将帅中，凯瑟林堪称佼佼者，他仍做了必要的预防准备，制订了周密详尽的部队机动方案。在意大利北部乃至德国本土的预备队，可以迅速根据这一方案南下增援。

所有通行的道路都事先进行了准备，即便是在最恶劣的天气情况下也能保证通过大批部队，工兵部队对道路冰封以及桥梁损坏，都有针对性的处置预案。在一些偏僻的岔道上，还处心积虑地设立了很多隐蔽的补给点。

与丘吉尔雄心勃勃相反，"鹅卵石"行动的两位关键人物——美军第五集团军司令克拉克和美第六军军长卢卡斯却忧心忡忡。克拉克经历了萨勒诺的惨烈战斗之后，他现在已是"一朝被蛇咬，十年怕井绳"，他根本不相信英国情报机关通报的德军兵力全都集中在"古斯塔夫"防线，认为这是英国人用以鼓舞士气的拙劣把戏，而且一想到海军在部队上岸两天后就要撤走，更是觉得心里没底。

还有好不容易拼凑出的87艘登陆舰中，只有14艘是可以携带登陆艇的新舰，其余73艘都是只能携带两栖车的老式登陆舰，而两栖战车速度慢，载重小，适航行能力差，驾驶人员也没有经验。在1月17日的演习中，就有40辆两栖战车翻沉，不仅淹死了不少人，还损失了10门火炮。

基于这些原因，他给卢卡斯的命令中只是要求在确实占领和控制安齐奥及其附近地区后，再向阿尔班山前进，生怕第六军孤军深入，全军覆灭。临行前还特意嘱咐卢卡斯，不要梦想一举夺取罗马，千万不要贸然进兵。第五集团军作战部部长布莱恩准将明确指示，第六军上岸后可以根据情况自行更改作战计划。

卢卡斯比他还要悲观，还要谨慎。在日记里多次流露出对此次作战的恐惧和担忧，心底里一直有着浓重的阴影，非常害怕重蹈第一次世界大战中加利波利登陆的覆辙。

那场死伤惨重却一无所获的战役就是由当时担任海军大臣的丘吉尔一手策划指挥的，与现在的情况简直如出一辙！

更要命的是卢卡斯的好友、大名鼎鼎的巴顿将军也对此次作战深表忧虑，这所有的一切，都给此次作战带来了极其不利的影响。

1944年1月17日，"古斯塔夫"防线正面的盟军美第五集团军和英第八集团军，发起了全面攻击，力求取得突破，即使无法突破，至少也要吸引德军注意力，牵制其预备队，使其无力顾及安齐奥。同一时间里，美第六军开始登船。

1月21日下午，盟军登陆部队36000人和所有装备、补给，分乘253艘舰船从那不勒斯起航。为迷惑德军，船队先经卡普里岛向南航行，直至夜幕降临后，才转向安齐奥。

午夜前后，登陆船队顺利到达换乘海域，随即开始换乘登陆艇等小型登陆工具突击抢滩。盟军吸取了萨勒诺的经验教训，在所有登陆艇的艇首都加装多管火箭炮，对登陆海滩实施密集猛烈的火力准备。

1月22日1时，即预定的登陆时间，盟军首批登陆部队准时上岸，几乎没

有遭到抵抗，担负防御任务的德军工兵营大部被俘，其中很多人在被俘时还穿着睡衣！

8时，美军先头部队已占领安齐奥镇。

盟军继续推进，顺利占领了预定目标，美第三师到达墨索里尼运河，英第一师到达莫莱塔河河口。至22时，36000人的登陆部队和3000辆车辆全部上岸，并在海滩建立起了长15公里的环形阵地，德军只有零星空袭，盟军损失极其轻微。

此时，距海滩仅24公里之遥的阿尔班山和山脚下通往罗马的公路，只有德军几个哨所，完全可以说，这一切都将是唾手可得！

但卢卡斯置第十五集团军群司令亚历山大必须迅速占领阿尔班山的指示于不顾，他打定主意，只要"古斯塔夫"防线正面盟军没有取得突破，就决不向纵深推进，因此他只是下令加强防御，巩固滩头。

22日整整一天，第六军就在滩头止步不前。

德军组织力量
实施反攻

　　凯瑟林得知盟军在安齐奥登陆的第一反应是瞠目结舌！因为此时从安齐奥到罗马沿途已无一兵一卒！换言之，罗马已经是盟军的囊中之物了！

　　但出乎意料的，盟军竟然在海滩逗留不前，凯瑟林不愧是杰出的军事家，立即抓住这一千载难逢的机会，组织力量进行反击。他凭借事先拟订的计划，迅速将意大利北部的第十四集团军调往安齐奥。

　　1944年1月23日，火速赶来的第一批德军首先控制了咽喉要道——阿尔班山，所有通向内陆的公路均在德军炮火的控制下，第十四集团军司令冯·马肯森中将也赶到了，他将负责直接指挥安齐奥一线战斗。从第十集团军、第十四集团军共8个师中紧急抽调出的部队正陆续到达，开始建立起防线，还有5个师的部队正日夜兼程赶来。

　　黄昏时分，德国空军几个月来第一次大举出动，击沉了盟军一艘驱逐舰，德军还使用了无线电遥控滑翔炸弹，但盟军很快掌握了对付这种炸弹的有效方法，对滑翔炸弹的无线电遥控频率实施无线电干扰，使其改变弹道坠海。

　　至1月29日，在德军的空袭中，盟军的巡洋舰、驱逐舰、运输船和医院船各一艘被击沉，两艘驱逐舰和一艘坦克登陆舰被击伤，此外还有登陆舰、扫雷舰、步兵登陆艇、扫雷艇各一艘触雷沉没，防空舰和驱逐舰各一艘触雷受伤。滩头上的盟军开始感觉情况不妙了，美第三师师长特拉斯科特和英第一师师长彭尼见卢卡斯坐失良机，听任德军集结，心急如焚，强烈要求迅速出击。

亚历山大和丘吉尔也都来电质问，为何不迅速占领至关重要的阿尔班山？

此时，卢卡斯仍不打算向纵深推进，在上下的压力下，以及考虑到滩头还比较狭小，这才决定向外扩张，美军攻占奇斯泰尔纳镇，英军则攻占卡姆波莱奥火车站。

奇斯泰尔纳镇位于蓬廷沼泽的边缘，第七号公路和从那不勒斯至罗马的铁路都从该镇经过。卡姆波莱奥火车站则正处在安齐奥通往阿尔班山山脚阿尔巴诺镇的公路上，两地都是安齐奥地区的交通要冲，是兵家必争之地。

美第三师在进攻奇斯泰尔纳镇的战斗中遭到了德军顽强抗击，每一条田埂、每一间房屋都要经过激烈争夺。师长特拉斯科特见正面进攻进展缓慢，

二战时的士兵（模拟场景）

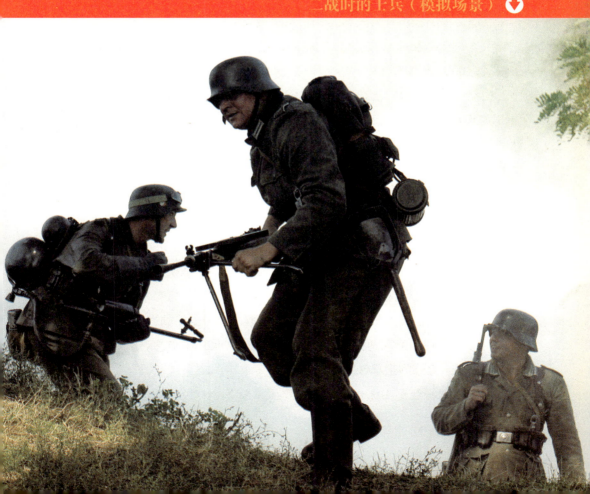

便决定实施渗透穿插。

投入精锐部队——陆军别动队，这支部队曾在西西里和萨勒诺一展身手，训练有素，作风顽强，善打硬仗恶仗，堪称"虎贲"劲旅。他们将在夜间穿越德军防线，突袭奇斯泰尔纳镇。

当晚，别动队沿着被称作"潘塔诺壕沟"的水沟悄然而行，一路上匍匐前进，穿过德军防线后，到达距奇斯泰尔纳镇中心街区仅800米，这才一跃而起，冲上公路向附近房屋扑去。

哪知此时德军的炮火铺天盖地倾泻而下，原来，德军早已发现他们的行踪，一直等到他们进入开阔地带，才以密集火力实施覆盖射击，美军这支精锐之师完全像落入陷阱的猎物，任人宰割。

出击的700多人中后来只有几个人逃回美军阵地，其余非死即俘！美军的行动终以惨痛的损失宣告失利。

英军首先派出了侦察分队，沿着通向阿尔巴诺镇的公路搜索前进，一直推进了近5000米，才遭到了从卡罗切托村一处有着红围墙的坚固建筑里的射击，侦察分队把这幢红墙建筑称为"工厂"。

实际上这里是一处大型的居住点，是意大利政府为开垦沼泽地的农民修建的。"工厂"是该地区的制高点，居高临下控制着四周的平原，绝对是双方的必争之地。

英一师师长彭尼得到侦察分队的报告，意识到德军集结的速度远远超过预料，因此必须在德军大部队到来之前，尽快夺取"工厂"和卡姆波莱奥火车站。他随即向卢卡斯请战，卢卡斯碍于彭尼是友军，勉强同意这一请求。

英军于26日凌晨发起攻击，德军在"工厂"顽强抵抗，甚至还在凶猛炮火支援下组织反击，双方展开激战，英军每前进一步，每夺取一幢房屋，都要付出巨大代价。英军最终以惨重的伤亡夺取了这一重要的据点。

特拉斯科特和彭尼两位师长都意识到了情况越来越危急，一再要求卢卡斯趁德军还没全部到来尽快发动总攻。

而丘吉尔、亚历山大也对美第五集团军总司令克拉克施加压力，克拉克

于1月28日乘鱼雷艇亲自到达安齐奥，督促卢卡斯发展进攻。

就在同一天，盟军第二梯队美第一装甲师和第四十五步兵师相继到达，使盟军在安齐奥已集结了68000人、500门火炮和250辆M-4"谢尔曼"坦克，卢卡斯这才觉得心里有了底，决定立即组织总攻。殊不知，此时德军也已集结了重兵，凯瑟林甚至确定了反击的具体时间表。

1月30日，盟军终于发动了总攻，左翼英一师和美第一装甲师为主攻，负责攻占卡姆波莱奥火车站，美第三师和第四十五师师为右翼，攻击奇斯泰尔纳。

2月1日，右翼美军由于伤亡惨重，进攻逐渐停顿下来，残部掘壕坚守，准备应付德军反扑。

左翼英军所处的地形比较狭窄，为了发动更为有力的攻势，英军首先投入爱尔兰禁卫营和苏格兰禁卫营，夺取有利的攻击展开线。

爱尔兰禁卫营和苏格兰禁卫营面对德军弹如雨下的火力射击，拼死冲杀，以巨大的伤亡达到了预期目的，夺取了预定的攻击展开地域，这样，英军已从滩头向内陆推进了20公里，如同一把利剑深深插入德军阵地！

最前沿的英格兰希罗普郡营已夺取了阿尔班山的第一道山坡，但附近德军力量在不断加强，英军急需美第一装甲师的增援。然而该地区遍布深沟高壑，坦克几乎无法活动，唯一可供坦克行动的道路就是通往阿尔巴诺镇的公路。

但在公路上德军早已设置了大量障碍，而且又是处在德军火力控制之下，如果装甲师贸然出击的话，必将遭受严重损失，因此，原来要求坦克支援的英军，反而要先为坦克扫清障碍！担负这一任务的是英军舍伍德山地营。该营越过英格兰希罗普郡营的阵地，向火车站冲去。

但很多官兵好不容易突破德军迫击炮、机枪和自动步枪组成的交叉火网，冲到罗马至那不勒斯的铁路旁，却根本无法越过铁轨到达对面的火车站。

因为这里地形非常不利，铁路两边是山崖，铁轨路基则正处在中间低洼

181

地上，英军从山坡上冲下路基，却正好陷入了致命的绝地。

路基一带简直成为可怕的屠宰场，英军士兵就如同活靶子，被德军的火力成片成排地扫倒。美第一装甲师的先头坦克营，竭尽全力提供支援，却徒劳无功。

第一装甲师师长哈蒙少将面对尸横遍野的战场，感慨地说从没见过在一个地方死了这么多人！此战之后舍伍德山地营只剩下8名军官和250名士兵。

盟军的进攻徒有伤亡，毫无收获。盟军官兵开始感受到困惑和担忧，原来大有成功希望的突袭战，眼看却要成为全军覆没而进行的垂死之斗了。

盟军被困在正面不足25公里宽，纵深不过25公里的狭小滩头，"牙尖爪利的野猫"简直成为搁浅的鲸鱼！

德军则于2月3日发起了反击，攻击矛头直指英军阵地，英军坚守阵地的第一师第三旅经受了德军的疯狂冲击。德军先以猛烈炮击，再以装甲部队实施突击，步兵则穿插迂回，对英军实施分割包围。

由于连日大雨，加之战场上硝烟弥漫，盟军空军无法出动，英军得不到空中支援，伤亡惨重。彭尼向卢卡斯求援，但卢卡斯却要求其撤退，在这种情况下，撤退无异于自杀。

幸亏盟军又一批增援部队英军第十一八步兵旅和第一特勤大队约1800人到达，第一六八旅原在"古斯塔夫"防线苦战，刚被紧急调来，就立即在坦克配合下，全力救援，终于击退了包围英军的德军，第三旅这才冒着密集炮火带着大部分伤员突出重围。

英军以巨大代价所夺取的楔形阵地却失去了。

英军第一师退至"工厂"、马莱塔河和墨索里尼运河一线构筑防线。卢卡斯见德军攻势凌厉，开始在英军第一师防线后面5公里处建立最后防线，以备万一。

2月7日，德军对卡罗切托河的渡口发动了钳形攻势，英军第一师竭尽全力拼死抵抗，守住了渡口，但却失去了战略要地——布翁里波索岭，这个高地俯瞰着通往阿尔巴诺镇的公路，唯一值得欣慰的是英军还控制着山岭下的

阵地。

　　2月8日，连日苦战的英一师拼尽最后力量反击布翁里波索岭之德军，激烈异常的战斗整整持续了一天。英一师投入反击的部队伤亡惨重，军官几乎全部阵亡，残部被迫于黄昏时放弃重夺布翁里波索岭的努力，向卡罗切托河的渡口撤退。

　　当晚，潮水般涌入的德军乘势向"工厂"猛扑，双方在"工厂"展开了激烈争夺，尽管海面上的盟军军舰也连连开火，为英军提供火力支援，但仍未能阻止住德军的进攻。

　　9日凌晨，德军占领了已是一片废墟的"工厂"，随着英军防线上这一关键阵地的丢失，盟军态势更趋险恶。天亮后，德军集中所有能够集结的兵力，继续扩大战果。

　　2月10日，英军苏格兰禁卫营坚守的卡罗切托村也告失守，英一师残部退至卡罗切托河岸大堤，继续组织防御。

　　由于"工厂"失守，以及英军防线的一再告急，盟军登陆滩头环形防御有全线崩溃的危险，卢卡斯投入最后预备队——两个步兵营和两个坦克连，于2月11日发动反击。

　　但盟军的最后反击，也未能挽回危局，反击还是以失败告终。

盟军浴血
守卫安齐奥

此时，安齐奥海滩上的10多万盟军，拥挤在狭窄滩头阵地上。整天在德军密集的炮火轰击下，从将军到士兵，都明显感受到了危在旦夕的恐慌！

但经过数年战火考验的盟军不再像战争初期，一触即溃，而是寸土不让，拼死抗击！

1944年2月的安齐奥正值雨季，连日大雨、遍地泥泞，在雨中，在泥中，尸横遍野、血流成河，完全是一幅人间地狱的惨象。

2月14日，指挥意大利地区盟军地面部队的第十五集团军群司令亚历山大亲自到达安齐奥，在视察了前线后，他举行了记者招待会，向记者保证，安齐奥绝对不会成为第二个敦刻尔克！

然而，盟军在地中海抽调不出更多的军舰，也没有足够的后备部队，即便有，也没有船只运送，即便有船，狭小的滩头也容纳不下更多的部队。

因此他唯一能做的就是在意大利南线全力猛攻"古斯塔夫"防线，企图迫使德军从安齐奥抽调部队南下，减轻安齐奥部队的压力。

现实竟然如此具有讽刺意味——安齐奥登陆原是要解决无法突破"古斯塔夫"防线的难题，现在正面战线的盟军反倒却要救援那些原本是要帮助他们的部队。

2月15日，英军第八集团军对"古斯塔夫"防线的核心卡西诺峰发动了强攻，英军中最骁勇善战的廓尔喀兵曾一度冲上了山峰制高点的修道院，但随即被德军击退。

英军三次攻击，均无功而返。

　　盟军认为这个具有悠久历史的修道院可能被德军作为炮兵观察哨，实际上凯瑟林在构筑"古斯苔夫"防线时就严禁德军官兵进入修道院，更没有将其纳入防御体系，甚至还为修道院派出了警戒哨兵，修道院里一些珍贵文物则被转交给了梵蒂冈的教皇全权代表。

　　盟军并不知道这些，凭着修道院在卡西诺山峰上的重要位置，想当然地出动近300架次B-17重轰炸机，向这座有着近千年历史的修道院投下了400多吨炸弹，将其夷为平地。

　　这反而使德军打消了一切顾虑，在修道院断壁残垣下的坚固地下室里，建起了理想的炮兵观察所。

　　现在，希特勒也对安齐奥关心起来。因为，近一年多来，德军在各个战场上迭遭败绩，正迫切需要一场胜利来鼓舞民心士气。

　　而且更重要的是，如果能在安齐奥取得胜利，必将对英美即将开始的法国登陆产生重大影响，迫使英美取消或推迟登陆，这样就可以赢得至为宝贵的时间，先集中力量打败苏联，再腾出手来从容对付英美。

　　正因为如此，安齐奥在整个战略上具有非常重大的意义。所以希特勒下令不惜一切代价，务必取得胜利。

　　为了配合军事行动，德国的宣传机器也开动起来，通过无线电广播、阵地前沿广播和传单等手段，一面宣称安齐奥即将成为第二个敦刻尔克，以涣散盟军军心，一面极尽所能挑拨英、美军队之间的矛盾。

　　根据希特勒的指示，德军不顾盟军海空火力的打击，不断向安齐奥调集部队，在安齐奥海滩周围，德军已集结了三个步兵师、二个装甲师、二个摩托化师和一个空降师，总计12.5万人，超过了盟军的总兵力。

　　而且，这些部队还有四个装备最先进的"虎式"和"豹式"重型坦克营，拥有的地面炮兵火力也丝毫不比盟军逊色。

　　2月15日6时，德军全线总攻开始了。

　　首先是猛烈炮击，盟军炮火随即还击，双方的炮战惊天动地，炮击还未停止，德军步兵就在烟雾掩护下发起了冲锋。

大激决斗

德军计划先以小群坦克直接支援步兵，以不停顿的攻击，打开盟军防线的突破口。

然后以"虎式"和"豹式"坦克营为核心的装甲集群沿安齐奥至阿尔巴诺的公路实施强力突击，力争一举打到海滩，将盟军赶下大海。

德军还投入秘密武器——280毫米K5列车炮，该炮实际口径达283毫米，重218吨，发射CR42特种榴弹时，射程达62公里，威力巨大。

卢卡斯察觉了德军主攻方向，相应调整了部署，将苦战多日而残缺不全

燃烧的坦克（油画）

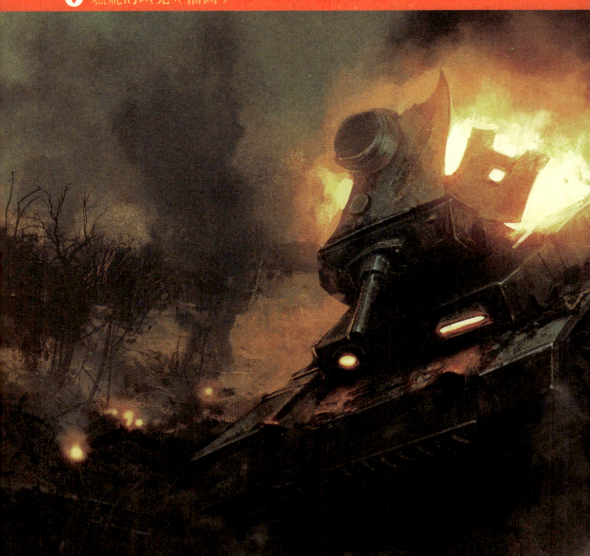

的英一师调到距安齐奥10公里，距"工厂"4公里的公路铁路立交桥，作为预备队。

刚从"古斯塔夫"防线正面调来的英军第五十六步兵师第一六九旅和美军第四十五步兵师第一五七团部署在公路左侧，美军第四十五步兵师的其余两个团，第一七九团和第一八零团部署在公路右侧，美军第三步兵师则位于奇斯泰尔纳镇附近。

德军主攻方向是美军第一七九团的防区，德军攻势如潮，步兵蜂拥而

来，根本不顾同伴的死伤，一味向前猛攻，美军依托村落的房屋和匆忙构筑的野战工事，顽强抗击。

但德军的攻击一波接一波，几乎没有停顿，美军的阵地在德军优势兵力的强力冲击下，相继失守。眼看德军就要突破整个防线，直捣海滩。

这时，盟军在海滩上的炮兵和海面上的军舰，一起开火了，这些炮火早已精确测定了德军攻击路线上的坐标，密集而猛烈的炮火呼啸而来。死亡之网准确覆盖了德军的攻击队形，德军先头团遭到了灭顶之灾，军官几乎全部阵亡，士兵死伤大半，侥幸逃回阵地的士兵被如此猛烈的炮火完全吓破了胆，再也不愿前来送死！

直至黄昏，美军依然掌握着阵地。

天黑后，德军改变战术，集中力量对美军第一五七团和第一五九团结合部发动夜袭，终于在美军防线上撕开了突破口。

2月16日天刚亮，德军在航空兵的支援下大举出击，奋力扩大夜间撕开的突破口，最终在盟军防线上打开了一道宽约3公里的缺口！

毫无疑问，接下来德军必将以装甲部队从这一缺口直扑海滩。但是为了尽可能发挥装甲部队的突击威力，3公里的宽度还不够，需要宽度更大的展开地区，因此德军集中全力向缺口两侧冲击。

盟军在缺口两侧阵地上的部队并没有因为防线出现缺口而崩溃，相反继续在阵地上拼死奋战，使德军始终只能局限在3公里宽的狭窄地域。

卢卡斯也向克拉克报告了目前的紧急态势，请求空军支援。克拉克立即与空军协商，说服了地中海战区的战略空军暂停对德军军事工业目标的空袭，将全部飞机都投入到安齐奥。

2月17日，意大利南部正面战场上，盟军在持续5小时的猛烈炮击，消耗炮弹达50000余发之后，再度猛攻卡西诺峰，依然没有得手。凯瑟林甚至对"古斯塔夫"防线懒得一看，全心关注安齐奥，亚历山大的企图落空了，第八集团军只得停止了进攻。

而在安齐奥，激战依然在继续。由于白天盟军航空兵和舰炮的强大火

力，德军的攻击很难奏效。所以就在入夜后，发挥其擅长的穿插迂回战术，对盟军防线实施渗透。

盟军战线上的各个支撑据点都陷入了各自为战的被动局面，很多阵地被德军一一击破，但其余阵地上的盟军还在顽强战斗，死战不退。

2月18日清晨，德军发动了第二次总攻。

此时盟军防线已经支离破碎，由于很多阵地失守而组织不起完整的防御，德军只需再粉碎美军第一五七团一个连的抵抗，向前推进900米，就可以到达由英一师残部防守的立交桥一线的最后防线。一旦突破了英一师那薄弱的防御就可到达海滩，取得胜利。

德军第一攻击波为两个步兵团，第二攻击波为两个装甲团，作为后援的则是两个摩托化师，无论从战场态势，还是兵力对比上，德军都是处于上风，胜利好像是唾手可得了。

德军很快肃清了美军最后一个连的微弱抵抗，步兵或是在坦克掩护下，或是伴随坦克一起向立交桥冲来。

此时盟军在海滩上的大炮和军舰的舰炮再一次发挥了威力，密如雨点的炮弹在立交桥前的开阔地构成了无法逾越的死亡地带，数以千计的德军倒在炮火之下。

德军无法越过盟军火力地带，也就无法突破防御非常薄弱的最后防线。

刚被提升为第六军副军长的特拉斯科特，在此危急关头，表现出了异常的坚毅果敢。他坚决主张在德军倾尽全力却未能如愿取得突破的情况下，立即实施反击，来彻底摆脱被动挨打的困境，以扭转战局。他计划以英军第五十六步兵师师长坦普勒少将指挥该师第一九六旅，从立交桥左侧出击，美军第一装甲师师长哈蒙少将指挥第一装甲师和刚到达的美军第六摩托化师和第三十步兵师，从右翼出击，以钳形攻势消灭进犯德军。

就在盟军积极准备反击时，德军投入了最后预备队，再次组织猛攻，盟军死守阵地，顽强抵抗，很多人一直战斗至最后。

海面上，盟军5艘巡洋舰和8艘驱逐舰累计发射炮弹达20000发，与海滩上

的地面火炮一起构成了令德军心惊胆战的死亡之网！就在立交桥下不足千米的开阔地上，布满了德军的尸体。

天黑后，德军还未取得突破性的进展，盟军的防线尽管已是千疮百孔，却依然还没有崩溃。

德军待夜幕降临后，照例发动了夜袭，盟军集中所有火炮以绵密火力严密封锁德军进攻的必经之路，德军付出惨重的代价。冲入盟军防线，短兵相接的鏖战随处可见，连西方军队不大常见的白刃肉搏战，也在很多地段上发生了。

盟军清楚意识到，此时已经是生死系于一发的紧急关头，指挥官将厨师、司机等勤杂人员甚至连海滩上操纵吊车的工人都组织起来，投入战斗。

德军也深知，这是取胜的最后时机，拼尽所有勇气和力量，也要做最后的奋力一击！战场上战斗之惨烈难以用语言形容。

2月19日拂晓，盟军官兵透过淡淡晨雾，惊讶地发现德军正在从遍布尸体的战场上后撤。

正是盟军官兵一天一夜英勇卓绝的浴血奋战，使德军明白，他们即使投入了最后的预备队，耗尽了全部的勇气，拼光了所有的力量，依然无法突破盟军的防线，胜利终于与他们擦肩而过。

在这次规模空前的攻势中，德军伤亡超过了3500人，付出如此巨大的代价，还是没有取得渴望已久的胜利。

此后直至战役结束，德军再也没有到达过立交桥一线，而在安齐奥海滩，这片战前宁静祥和的土地上，残酷的战斗还将继续。

盟军随即乘胜出击，坦克引导步兵冲出阵地。德军刚从战斗中撤下来，正在整顿建制，组织力量，没有料想盟军会突施回马枪，被打了个措手不及。德军顿时乱成一团，全线后退数公里，才勉强稳住阵脚。

德军退守"古斯塔夫"防线

　　1944年2月底，德军在希特勒的严令下投入4个师，以美第三师防区为目标，再次发动攻击。

　　此时特拉斯科特已接替卢卡斯就任美第六军军长一职，由于他一个多月来的卓越表现，深得广大官兵敬佩。再加之刚刚取得一场艰苦战斗的胜利，盟军的士气正高。

　　而德军新败，又没有获得增援，士气低落。双方军队在心理上的这一差异很大程度上影响了战斗发展，盟军轻松击退了德军的攻击。

　　3月2日，连日阴云低垂的天空终于放晴，几天来因恶劣天气而无法升空的盟军航空兵大举出动。全天出动飞机高达数百架次，对阵地前的德军进行了猛烈轰炸扫射，给德军造成了巨大伤亡。眼看已无取胜可能，德军终于放弃了最后努力。

　　此时，德军再也经不起集团军规模的部队损失。凯瑟林只得指挥第十、第十四集团军不再抱有歼灭安齐奥盟军的幻想，转而采取守势，准备在意大利实施持久防御。

　　而盟军方面，正集中全力准备即将于1944年6月发动的诺曼底登陆战役。地中海战区既不可能得到地面部队的加强，也不可能增添新的装备，所以在意大利战场，盟军不论在南部的"古斯塔夫"防线正面，还是在北部的安齐奥地区，也都处于防御状态。

　　1944年3月中旬，在"古斯塔夫"防线正面的盟军在500架飞机的支援下，对卡西诺山峰再次发动猛攻。战斗中盟军共发射各种口径炮弹19万发，

投掷炸弹1000余吨。但德军凭险死守，盟军即便消耗如此巨量的弹药，仍再一次无功而返。

至此，意大利战场特别是安齐奥地区，激战终于沉寂下来，双方形成了如同第一次世界大战中阵地战的对峙局面。但这种平静，只是表面现象，双方都在利用这段时间，重整部队，调配装备，加紧训练，准备再战。

在"古斯塔夫"防线正面，盟军是16个师对德军6个师，安齐奥盟军是6个师对德军5个师。

春季来临后，诺曼底战役开始在即，盟军从战略上考虑，迫切需要意大利战场上的盟军采取积极行动，牵制吸引当面德军，以配合诺曼底战役。

因此，盟军经过休整补充后，决定发动进攻，"古斯塔夫"防线正面盟军首先开始攻击，其中英军第八集团军以主力12个师进攻卡西诺山峰，美军

胜利的英国士兵和投降的德军（雕塑）

第五集团军则沿海滨地区发展进攻，两路大军齐头并进，向北推进，以求与安齐奥部队会合。

5月11日深夜，英军第八集团军主力在300架飞机和2000门火炮的强大火力掩护下，对"古斯塔夫"防线发起了总攻，先是40分钟火力急袭，完全破坏了德军通信系统，接着开始全线冲击。

主攻卡西诺山峰的波兰军在安德森中将指挥下，以大无畏的英勇气概，前赴后继，攻势一浪接一浪，却仍无法突破德军防御。

然而，在两翼的美军和自由法国军队的攻击却取得了进展，分别击溃了当面的德军，尤其是法军，打通了第七号公路，并迂回到卡西诺山侧后的第六号公路，严重威胁了防线上的德军。

德军被迫撤退到有预先构筑的防御阵地，并得到了后备部队加强。但盟军继续发展攻势，德军坚守了7个月之久的"古斯塔夫"防线，终于被突破了！

此时，凯瑟林再也不能像2月中旬那样，对"古斯塔夫"防线置之不理，立即从安齐奥抽调最具战斗力的第二十六装甲师前来增援。

5月13日，盟军终于攻占了"古斯塔夫"防线的核心要点——卡西诺峰，德军开始全线后退。

盟军乘胜向通往安齐奥的第七号公路推进。凯瑟林决定不惜代价阻止正面盟军与安齐奥盟军会合，因此投入全部预备队三个师中的两个师。在经过激烈战斗后，在利里河与萨科河汇流处稳定了防御，但盟军仍保持着对德军的巨大压力。

5月15日，英军第八集团军开始沿利里河谷进攻，眼看英军即将取得突破，凯瑟林不得不投入了预备队最后一个师。在海滨地区，美军和法军以优势兵力继续发展进攻，不仅深入德军第十集团军的侧翼，而且已威胁到了防御安齐奥盟军的第十四集团军后方。

而凯瑟林已经耗尽了所有预备队。很明显，如果安齐奥盟军再发起攻击，第十四集团军就相当危险了，因为尽管双方都是5个师的建制，但盟军每

个师是9个齐装满员的营。

而德军每师仅6个营，人员和装备还由于连日战斗又没有及时补充，根本达不到编制数量。所以双方实际兵力几乎相差一倍，而且盟军还拥有绝对优势的技术装备和空中支援。

5月22日凌晨，安齐奥盟军也发动了进攻，英军第一师在500门火炮支援下率先向外冲击，作为佯攻。天亮后，盟军60架飞机赶来助战，猛轰德军阵地。

美军第一装甲师、第三、第四十五步兵师随即向奇斯泰纳尔镇猛攻，尽管奇斯泰纳尔镇已成为废墟，但德军仍拼死顽抗。一天的激战，德军蒙受了惨重的伤亡，也给美军造成了巨大损失，美军仅坦克就损失100余辆。

天黑前，盟军只推进到奇斯泰纳尔镇至罗马铁路沿线，进展十分缓慢。

同一时间里，英军第八集团军的攻击也未取得大的进展。倒是美军第五集团军所属的第十一军越过了加里利亚诺河，前锋直指特拉切纳城。法军也开始向利里河和萨科河推进。

上述两军的行动严重威胁着德军两个集团军，迫使凯瑟林调整部署，将部队后撤至从西海岸台伯河口到东海岸佩斯卡拉横贯意大利半岛的"恺撒"防线。

德军第十集团军以坚强部队担任后卫，掩护主力后撤，与已经部署在"恺撒"防线的第十四集团军会合。

南线盟军乘势推进，5月24日，美军第五集团军攻占了距奇斯泰纳尔镇仅50公里的特拉切纳城，法军也正在翻越莱皮尼山，向阿尔班山区前进。

安齐奥的盟军也在一步步向外突进，美第三师终于推进到了奇斯泰纳尔镇近郊，美第一装甲师的坦克穿过已是一片废墟的奇斯泰纳尔镇，驶上了镇北面的第七号公路。而美加特别勤务大队也控制了镇南部的安齐奥至阿尔巴诺的海滨公路。

这两条公路尤其是第七号公路是德军第十集团军后撤的必经之路，对于处境异常危急的第十集团军而言是至关重要的退路。美军第一装甲师切断了

194

第七号公路，就切断了德军第十集团军与第十四集团军的联系，也就是切断了第十集团军的生路。

5月26日，北上的美军第五集团军第十一军先头部队与安齐奥第六军的先头部队在海滨公路胜利会师。

在这样的大好形势下，美军第五集团军司令克拉克却命令第六军军长特拉斯科特率主力直取罗马，仅以美第三师和美加特别勤务大队夺取瓦尔蒙托内，封闭第六号公路。

特拉斯科特接到这命令也是大吃一惊，因为他明白这样就会使全歼德军两个集团军的计划，在即将实现时功亏一篑！

但军令如山，他只好照办。盟军第十五集团军群司令亚历山大和英国首相丘吉尔都对这一命令表示强烈反对，但克拉克对这些都置之不理，仍坚持命令第六军主力沿第七号公路攻占罗马。

而德军统帅部却将战略预备队精锐的"戈林"装甲师调给凯瑟林，第十四集团军得到这一生力军的加强后，阻止了盟军对"恺撒"防线的进攻。

但盟军拥有兵力和技术装备上的绝对优势，突破"恺撒"防线是迟早的事，因此凯瑟林决定果断放弃"恺撒"防线主动后撤。

5月30日，美军第三十六师突破了"恺撒"防线，而法军也从阿尔班山区以西威胁着德军的侧翼，只要美第六军扼守住第六号公路，就可全歼德军两个集团军。但由于克拉克的命令，使几乎成为瓮中之鳖的德军得以突破美第三师的阻击，扬长而去。

克拉克率领美军
进入罗马

　　美第六军对罗马的进攻也不是一帆风顺的。德军后卫部队一直充分利用有利地形不断进行迟滞作战，美第六军不得不一路粉碎德军的顽抗，夺路前进，推进十分缓慢。

　　1944年6月2日，凯瑟林不愿背上破坏罗马这座欧洲名城的罪名，命令德军撤出罗马，并宣布罗马为不设防城市，德军在撤出罗马时，没有破坏城市设施，甚至连台伯河上桥梁都未破坏，保全了这座历史名城。

　　6月4日，克拉克率领美军第六军进入罗马，受到了罗马人民的热烈欢迎。

　　德军两个集团军残部退至"哥特"防线，继续作战。

　　战争结束后很多年，亚历山大仍对此耿耿于怀，在回忆录里他这样说：

　　　　我一直向克拉克将军保证，一定让他的部队占领罗马。我只能这样认为，他的这一决定与其说是出于军事上的考虑，还不如说是受到沽名钓誉的动机所支配的！

　　安齐奥战役，盟军伤亡约4000人，德军伤亡约20000人，被俘约10000人。盟军突破了德军坚固的"古斯塔夫"防线，并攻占了意大利首都罗马，为全歼意大利境内的德军，解放全意大利奠定了基础。

　　安齐奥战役经过将近5个月的苦战，盟军终于突破了德军苦心经营的"古斯塔夫"防线，并占领了罗马，基本实现了战役企图。

　　但在战役初期，盟军险些被德军赶下海，几乎到了失败的边缘，加上整

196

个战役时间拖沓之久，人员伤亡之重，物资消耗之巨，可以说盟军的胜利毫无值得夸耀之处。

很多军事战略家和军事历史学家都认为，发动这样一场登陆战并没有多大意义，因为安齐奥战役最坚决的倡议者英国首相丘吉尔的出发点是不愿在诺曼底战役准备期间近兰年之久的时间里，盟军在地中海战区拥有重兵却无所作为。

罗马凯旋门

他希望通过组织这样一场登陆战，来吸引德军注意力，牵制分散德军在法国的兵力，为诺曼底战役创造有利条件。

实际上，对于决定战争进程的战略行动——开辟第二战场的诺曼底登陆，盟军倾注了极大的精力，投入的兵力、物力，几乎是倾尽所有。

在这种情况下，对于安齐奥登陆，盟军不可能投入足够的兵力，就连登陆船只都是千方百计才挤出来的。因此安齐奥登陆就显得有些"先天不足"了。

不过，也正是由于德军认为盟军是无力同时组织两次登陆，所以对安齐奥登陆毫无防范，盟军在登陆初期确实取得了一定的胜利，以非常微小的伤亡一举奏效。

但是在登陆最初取得了意想不到的成功后，美第六军军长卢卡斯以及第五集团军司令克拉克，对登陆作战的前途悲观沮丧，呆板地坚持只要意大利南部"古斯塔夫"防线正面盟军没有取得进展就不向纵深推进的原则，部队在安齐奥登陆成功之后整整两天在海滩上裹足不前，听任来之不易的大好战机白白流失，坐视德军预备队源源赶来，将一场出敌不意的奇袭战，变成了步步推进的阵地战。卢卡斯这一指挥被很多军事权威认为是安齐奥盟军初期失利的最主要原因。

不过，最负盛名的第二次世界大战军事历史学家英国人利德尔·哈特却认为，卢卡斯没有及时利用德军防御薄弱的大好时机向纵深推进，不是坐失良机，反而是令盟军"趋福避祸"。

因为盟军登陆部队仅两个师，区区36000人，如果留下一部分固守滩头阵地，主力向纵深推进，以德军的反应和部队机动速度，极有可能会在纵深遭到德军优势后续部队的合围，甚至有全军覆灭的危险，而且盟军推进的越深远，危险也就越大，平心而论这一观点不无道理。

几乎所有军事历史学家公认的是盟军的海军在战役中的表现，可谓完美无缺，登陆时换乘、抢滩均颇具章法。在岸上部队处境危急之时，海军的舰炮支援发挥了极大的作用，舰炮火力成为盟军赖以坚持安齐奥最牢固的支柱。

战役中后期，海军在海滩不断遭受德军炮火轰击，又只有吞吐量很小的

港口和狭窄的海滩可供利用的极其不利情况下，依然克服了重重困难，把4个师约70000人和50万吨各种物资运上岸，保障了战役的顺利进行。

由此可见，盟军海军已经在战争中学会了战争，通过历次登陆战，从混乱不堪、毫无章法到秩序井然；从"菜鸟"逐步成长为"老手"，战术水平有了长足的发展，甚至是飞跃性的进步。

在这些登陆战中所积累的经验教训，都成为诺曼底登陆最宝贵的财富，为诺曼底战役的辉煌胜利奠定了坚实的基础。

德军方面，其迅捷的反应，快速的机动，无疑是极具特色的，这也是险些置盟军于死地的最重要原因，从中反映出凯瑟林出色的指挥艺术和战略眼光。

德军在盟军登陆时，部署在安齐奥地区仅一个工兵营，但在数小时之后，就不断有部队陆续抵达，并迅速控制了具有决定意义的阿尔班山和公路，将盟军困在狭小的滩头阵地。

在盟军优势航空兵力的空中封锁下，德军这样的反应速度、部队机动、开进道路的保障以及后勤补给，不能不令人叹服！

由此，盟军不由联想到即将开始的诺曼底登陆，德军在法国驻军的战斗力、机动力和通信能力都远远强于在意大利的驻军，而且法国的公路铁路情况也要比意大利的好得多。

因此完全可以想象，诺曼底登陆将会遭到怎样的情况。盟军充分意识到这一点，周密细致，甚至不惜代价进行诺曼底登陆的各项准备工作，从而保障了诺曼底战役胜利。

毫不夸张地说，安齐奥登陆暴露了德军的底牌，使盟军能够采取相应的措施，特别是组织实施精心策划的战略欺骗，为诺曼底登陆的成功创造了非常有利的条件。可以说安齐奥是诺曼底的开路先锋，最终使诺曼底登陆成为流芳百世的经典之作！

看似无足轻重的安齐奥战役，却为后来的诺曼底登陆积累了宝贵经验，这是包括丘吉尔在内的各级将领都始料不及的。

图书在版编目（CIP）数据

　　大漠决斗：第二次世界大战非洲与地中海战事 / 胡元斌主编
. ——北京：台海出版社，2013.8（2021.5重印）
　　（第二次世界大战纵横录）
　　ISBN 978-7-5168-0244-1

　　Ⅰ.①大… Ⅱ.①胡… Ⅲ.①第二次世界大战—史料
—欧非 Ⅳ.①K152

　　中国版本图书馆CIP数据核字(2013)第188666号

大漠决斗：第二次世界大战非洲与地中海战事　　第二次世界大战纵横录

主　编：胡元斌　严　锴

责任编辑：孙铁楠	装帧设计：大华文苑
版式设计：大华文苑	责任印制：严欣欣　吴海兵

出版发行：台海出版社
地　　址：北京市东城区景山东街20号　　　邮政编码：100009
电　　话：010－64041652（发行，邮购）
传　　真：010－84045799（总编室）
网　　址：www.taimeng.org.cn/thcbs/default.htm
E-mail：thcbs@126.com

经　　销：全国各地新华书店
印　　刷：北京九天鸿程印刷有限责任公司
本书如有破损、缺页、装订错误，请与本社联系调换

开　　本：710×1000　　　1/16
字　　数：210千字　　　　　　　　　　　印　张：13
版　　次：2014年1月第1版　　　　　　　印　次：2021年5月第4次印刷
书　　号：ISBN 978-7-5168-0244-1

定　　价：48.00元